Harry Ifergan

mieux comprendre votre enfant

illustrations : Soledad

Marabout

Sommaire

Socialisation

Soucis, crises et angoisses

Questions délicates

Autonomie

Troubles

Troubles du sommeil

Troubles du comportement alimentaire

Troubles du comportement

Troubles de la parole

Troubles de l'attention

Compétences de l'enfant

Principes éducatifs

Loisirs

Avant-propos

Ce livre est né d'une expérience. Tenter de traiter, en peu de temps, du développement psychologique de l'enfant serait une tâche impossible. Toutefois, prendre deux minutes pour lire et comprendre chaque parcelle de ce développement, reste envisageable et c'est ce que vous propose ce livre.

Il y a une dizaine d'années, le directeur de TiJi, chaîne de télévision pour jeunes enfants, m'a sollicité pour participer, en tant que psychologue, au comité d'éthique qui se constituait. Après quarante-huit heures de réflexion, j'ai accepté et proposé que figurent à mes côtés deux éminents professionnels de l'enfance, Pierre Bitoun, pédiatre, et Roger Teboul, pédopsychiatre. C'est avec beaucoup de ferveur que je me suis engagé et attelé à cette tâche qui consistait à siéger, tous les trois mois, à ce comité qui réunissait d'autres spécialistes de l'enfance et du monde des médias, ainsi que les différents acteurs de la chaîne en question. Notre mission était de veiller à la qualité des émissions proposées avant qu'elles ne figurent dans la grille des programmes.

TiJi est née en décembre 2000. Elle est une émanation de sa « sœur aînée », Canal J, qui s'adresse aux plus grands enfants. TiJi, elle, est destinée aux quatre-sept ans. Elle se distingue des autres chaînes enfantines par son exigence et sa rigueur en matière de qualité de programmes : des émissions courtes, des dessins animés thématiques récréatifs ou qui induisent une réflexion et un dynamisme évitant à l'enfant une attitude de consommateur passif.

La vision de la charte qui guide la chaîne m'a séduit. Après sept années de travail au sein du comité d'éthique, c'est avec plaisir que j'ai accepté une mission plus particulière : être le premier intervenant qui présenterait et animerait une émission quotidienne sur TiJi. J'ai été invité à répondre aux questions des téléspectateurs (principalement des mamans)... en **deux minutes** ! En six mois, nous recevions déjà 2 800 questions, en rapport direct avec l'enfance, qui portaient sur les principes d'éducation, l'interrogation face à certaines réactions enfantines, des demandes d'explication et parfois même l'expression d'angoisses face à des crises psychologiques inexpliquées.

Je me suis attelé à sérier ces questions. Pour prendre en compte l'ensemble des téléspectateurs, et non telle ou telle maman spécifique qui demandait insidieusement une « consultation au psychologue », j'ai dû écarter les questions trop personnelles, celles qui m'invitaient à établir un diagnostic et enfin, celles demandant une adresse de spécialiste. Je n'ai conservé que les requêtes pouvant aider à mieux comprendre le développement psychologique de l'enfant.

Une fois ce travail d'élagage réalisé, je me suis concentré sur l'écriture et la réponse pouvant intéresser le plus grand nombre de parents. Nous avons fait le choix de conserver les prénoms (ou pseudos) de chacun des téléspectateurs qui m'avaient écrit personnellement.

Ces émissions, qui ne s'adressent qu'aux parents, ont été diffusées depuis le mois de novembre 2008 et, à ce jour encore, passent quotidiennement sur la chaîne à 21 heures.

J'ai été ravi de recevoir des courriels de l'étranger, car cette chaîne francophone est aussi diffusée dans de très nombreux pays.

Les sujets que vous allez découvrir émanent donc de tout ce que j'ai pu dire à l'antenne durant la centaine d'émissions qui m'a été proposée, mais avec un habillage « livresque », tant il est vrai que l'on n'écrit pas comme on parle.

Le défi qui m'avait été imposé fut rude à relever : répondre simplement, dans un langage accessible à tous... **en deux minutes**. Ce défi était une gageure que je me suis obligé à respecter de mon mieux. Certains sujets méritaient cependant une extension. Pour les besoins de ce livre, je me suis autorisé à ne pas me restreindre.

Introduction

Je vous propose avant toute chose un survol synthétique du développement psychologique de l'enfant de zéro à douze ans, au travers des étapes majeures qui seront abordées tout au long de ce livre.

Un enfant existe d'abord dans l'esprit de ses parents avant de naître. En effet, s'il est porté dans le ventre de sa mère, il l'est également par l'imaginaire des deux parents, par leur désir et leur attente de le voir venir au monde.

À sa naissance, il a un corps, un prénom et un nom ainsi qu'un lien invisible qui le relie à ses parents. Ce lien va, de jour en jour, se matérialiser par un échange imperceptible entre lui-même et sa mère, auquel le père participe également. Paroles, odeurs, berceuses, portage, nourrissage, soins, etc. C'est cette enveloppe chaleureuse et contenante de la mère qui protège l'enfant durant les premiers jours de la vie. En retour, sa bonne santé, son éveil, sa réactivité au milieu ambiant et même ses pleurs sont interprétés par les parents comme un cadeau qui leur est fait. Ils lui rendent alors amour, affection, chaleur, attention, etc.

Une fois constitués les premiers liens d'attachement entre la mère et l'enfant, ce dernier va traverser de nombreuses étapes qui l'amèneront à évoluer sans cesse. Des moments de régression seront possibles sans qu'il n'y ait rien d'inquiétant à cela.

Mais avant tout, il faut retenir une idée qui me tient à cœur : un enfant se portera d'autant mieux, psychologiquement parlant, qu'il témoignera de ce que j'ai appelé « le triptyque de bonne santé mentale ».

Ce triptyque est représenté par trois points essentiels de la vie quotidienne d'un enfant. De quoi s'agit-il ? Il faut simplement se poser trois questions. Est-ce que mon enfant se nourrit bien ? Est-ce que mon enfant dort bien et avec plaisir ? Et enfin, mon enfant est-il de bonne humeur et le laisse-t-il transparaître ?

Si la réponse à ces trois critères est positive, on peut penser que l'enfant va bien. Alors les petites crises et les problèmes occasionnels qu'il traversera ici ou là dans sa vie ne seront que passagers. Cela se dissipera d'autant plus facilement que ses parents comprendront bien les étapes qu'il aura franchies et ne leur donneront pas une tonalité catastrophique.

Entrons maintenant dans le vif du sujet.

À six semaines, le premier sourire intentionnel apparaît et prouve que l'enfant est en interaction avec l'autre.

À huit mois, il ressent qu'il existe individuellement et qu'il n'est plus en fusion avec sa mère.

À neuf mois, les premiers cauchemars peuvent survenir, signes de l'évidence que lui et sa mère sont deux êtres bien distincts.

Cette séparation symbolique lui indique qu'il est donc dépendant de ses parents. Ce manque d'autonomie et cette vulnérabilité l'atteignent au point de provoquer des cauchemars.

À partir de dix-huit mois, et ce, jusqu'à trois ou quatre ans, l'enfant entre dans une phase dite d'opposition systématique à tout ce que ses parents lui proposent ou lui imposent. Une bonne partie des « non » qu'il va énoncer constitue des tentatives de se démarquer des souhaits et des désirs de ses parents. Cela reviendrait pour lui à dire à l'adulte qui l'a en charge : « Toi, c'est toi et moi, c'est moi ! », une manière comme une autre d'affirmer qu'il existe à part entière et se distingue bien mentalement de ses parents.

Vers deux ans, les premières difficultés d'endormissement apparaissent. L'enfant se met à avoir peur de s'endormir. Il a peur seul dans le noir, craint quelque chose mais sans même en avoir conscience, ne peut véritablement dire ce qu'il redoute car la raison de ses peurs est floue. Il refuse alors de se séparer de ses parents. Certains, à cet âge, connaissent des phases de cauchemars, ces troubles du sommeil correspondant précisément au fait que le caractère de l'enfant s'affirme de jour en jour. Il devient capricieux, exigeant et veut tout régenter. Or, autant il se prétend omnipotent dans la journée (et dit non à tout), autant, la nuit venue, il se ravise et sent qu'il est faible et fragile. Le souvenir des énervements et des crises qu'il a su générer auprès de ses parents l'envahissent et inconsciemment, il se culpabilise et fait des cauchemars. Au matin, le cauchemar l'ayant « acquitté » de son fort caractère de la veille, il repart de plus belle et recommence à dire « non ! ».

Entre deux et quatre ans, l'enfant va réaliser un travail mental de tout premier ordre : l'individuation. C'est-à-dire la constitution de lui-même en tant qu'individu à part entière : un être indivisible, un et uni. Pour cela, il va appréhender tout l'univers qui le constitue : ses parents, sa maison, son doudou, ses frères et sœurs, sa maîtresse d'école, ses camarades, ses jouets, les joies et les peines qui l'animent, la jalousie, les peurs, etc., pour en faire quelque chose de cohérent, contenu en lui. L'image la plus réaliste pour représenter ce travail de constitution en un tout unifié est celle du puzzle. Rassembler des parties en un ensemble cohérent dans un cadre défini. Ce « travail » mental est essentiel pour la suite de l'organisation de la personnalité de cet enfant. En effet, c'est lorsque l'enfant ne parvient pas bien à réaliser ce « puzzle symbolique » qu'il y a un risque de morcellement de l'individu.

Trois exemples simples et caractéristiques de cet âge nous rappellent l'importance de cette superbe réalisation mentale.

L'exemple du biscuit cassé : si, entre deux ans et quatre ans, on propose à un enfant un biscuit cassé en deux, il le refusera car il n'est pas entier ; cela lui rappelle la sensation de morcellement contre laquelle il lutte pour faire de sa personne un tout unifié.

Beaucoup d'enfants, et principalement les filles, aiment faire des découpages et des collages de pièces de papier et carton de toutes formes. Ces patchworks sont la représentation du travail psychique interne qui les anime. « Couper/coller », n'est-ce pas, justement, ce qui le caractérise ? C'est-à-dire rassembler des pièces éparses en un tout ?

L'enfant n'est pas prêteur durant cette phase d'individuation. Prêter un de ses objets (doudou, jouet, etc.) reviendrait pour lui à s'amputer d'une partie de son capital. Or, ôter une pièce de son puzzle intérieur le fragiliserait, voire le détruirait. À cet âge, il est naturellement égocentrique, c'est-à-dire centré sur son ego.

À quatre ans, d'autres difficultés d'endormissement apparaissent, plus élaborées que celles traversées à deux ans. En effet, son intelligence progresse et il parvient, cette fois, à mieux percevoir l'objet de ses peurs au moment de s'endormir. Il imagine des êtres humanoïdes ou des animaux venant lui rendre visite. Selon les enfants, ce peut être un fantôme, un monstre, un ogre, une sorcière ou plutôt un loup, un crocodile, etc. Là encore, les prétentions de toute-puissance auxquelles l'enfant aspire tant dans la journée, sont anéanties lorsque tombe la nuit et qu'il doit se séparer durant huit heures ou plus de ses parents protecteurs. Seul, dans le noir, allongé dans une position qui le fragilise et le rend vulnérable, il prend bien soin de revenir à la réalité : il n'est qu'un enfant, petit et sans force face à son assaillant (inventé de toutes pièces, par ses propres soins).

À cet âge-là, l'enfant apprend à dessiner. Il sait déjà tracer une boucle fermée sur laquelle il appose deux grosses taches pour les yeux et un trait maladroit pour la bouche. Ainsi, la première ébauche d'un visage humain apparaît sous ses doigts. Au fur et à mesure de son engouement pour le dessin, il va peu à peu représenter graphiquement des formes de plus en plus évoluées pour réaliser, en définitive, un bonhomme complet. L'enfant se représente le corps humain, son corps, celui de l'autre, et donc lui-même en société. C'est aussi par le dessin, que cet enfant devient un être social.

De quatre à sept ans, l'enfant développe son imaginaire et apprend les règles sociales que lui enseignent ses parents, l'école et la société (camarades, voisins, grands-parents, commerçants, animateurs sportifs, etc.).

À six ans, une étape majeure apparaît avec l'entrée à l'école primaire (cours préparatoire). Pour l'enfant, ce moment est délicat car il sent combien ses parents, ses grands frères, grands-parents, etc., tiennent à l'y savoir bien intégré. Une pression supplémentaire l'envahit : réussir son début de « vraie » scolarité qui durera de longues années désormais. Cette inquiétude légitime amènera certains écoliers à régresser de peur de ne pouvoir relever ce défi. Tout naturellement, ils se réfugieront dans des niches enfantines qu'ils ont traversées par le passé et qui les rassureront. L'un se remettra à sucer son pouce, l'autre fera des cauchemars, celui-là développera des tics, un autre enfin connaîtra des « fuites » durant son sommeil. Tout cela est bien naturel et sans gravité. Une régression n'est rien d'autre qu'une promesse de progression et d'évolution, qu'on se le dise !

Entre six et huit ans, les enfants sont très imaginatifs. Ils redoublent tous d'ingéniosité avec leurs constructions mentales en tout genre. Pour les garçons, citons les châteaux médiévaux, les machines infernales contre l'ennemi, les avions à réaction, les épées laser tueuses de dragons, les dinosaures qui envahissent la Terre, etc. Pour les filles, les poupées, les personnages humanoïdes (elfes et sorcières) habitant les forêts, mais aussi les travaux artistiques avec papier, carton, perles et autres matières brutes ou raffinées ; enfin, la mode vestimentaire et les essais de coiffures sur poupées et mannequins révèlent leur ingéniosité et leur sens de l'esthétique.

L'intensité imaginative de leur vie psychique est à la mesure de ce qui les attend à huit ans.

À huit ans, une révolution silencieuse se fait. Sans crier gare, une bascule progressive est amorcée lentement, comme un « fondu enchaîné », entre deux phases. Il s'agit pour l'enfant de quitter doucement le monde de l'imaginaire pour entrer peu à peu dans celui de la vie réelle. Cette opération délicate l'amènera à entrer dans « l'âge de raison » et ne se fera pas sans compromis. Ce passage sera source d'un remaniement infiniment complexe et aboutira, selon la personnalité de chacun, tantôt à une ouverture heureuse vers un avenir souriant, tantôt à un calvaire pénible à traverser.

Toute l'intelligence des parents devra être au rendez-vous à ce moment délicat, sinon « une sortie de route » est toujours possible.

Mais, comme j'ai toujours tendance à le dire, tout est rattrapable !

Entre huit et douze ans, enfin, l'enfant dispose de quatre années pour se repositionner plus harmonieusement avant d'aborder l'adolescence.

Garçons et filles s'assagissent à cet âge-là, car ils entrent dans une phase délicieuse de docilité et d'obéissance. Ils tiennent à plaire à tout prix à leurs parents, se montrent coopératifs à la maison et veulent être de meilleurs élèves en classe.

Tous n'y parviennent pas cependant, car ils sont inconsciemment envahis par des tensions psychiques insoupçonnables : devenir de futurs ados et de vrais adultes, forts, intelligents et performants ; mais il y a aussi la peur d'échouer, de déplaire aux parents et de risquer de perdre leur affection. Ils veulent se démarquer des frères et sœurs, se défendre des plus grands qui les embêtent. Ils ont même peur d'avoir peur. Ces tensions et ces exigences internes qu'ils s'imposent et que notre société relaye – il faut bien l'avouer – les inhibent sans qu'ils s'en aperçoivent ; elles produisent un parasitage de la pensée en mobilisant une partie de leur énergie psychique. À partir de ce moment-là, intervient la déconcentration : à la maison, en classe, sur un terrain de sport, durant le trajet entre l'école et la maison et même à la table de travail, à l'heure des devoirs.

Une autre mobilisation de la pensée a lieu au moment de l'endormissement qui génère une source de conflits importants entre parents et enfants.

Que d'épreuves et d'embûches attendent nos enfants ! Mais nous sommes là pour les aider à franchir ces obstacles naturels. C'est pourquoi j'espère vous amener à mieux les comprendre en vous invitant à pénétrer dans les méandres de leur pensée.

Entrez, je vous en prie !

Développement psychologique et intellectuel

Que sait-il ?

0-6 ans

Myriam :

« Ma belle-mère prétend que les petits enfants ne savent pas développer leur intelligence avant six ans. Je ne suis pas d'accord, mais ne sais pas quoi lui répondre. Pourriez-vous m'indiquer ce dont les enfants sont capables intellectuellement avant six ans ? »

Très tôt, les compétences du bébé sont stimulées, tant sur le plan auditif, visuel qu'olfactif par tout ce qu'il ressent grâce à son système sensoriel développé.

Dressons une liste de tout ce dont est capable un enfant avant six ans.

Babillage : grâce à l'environnement sonore du langage dans lequel il baigne, l'enfant de huit mois commence ses vocalises : « Ba Ba Ba », « Prrr », « La La », etc.

Ce babillage est le stade préliminaire à tout futur langage.

Cryptophasie : très tôt, un enfant est capable d'instaurer un langage autre que verbal entre lui et un frère (jumeau ou non) ou avec sa propre mère, par un codage spécifique de l'information (gestuelle, mimiques, sons, silences, regards, mots inventés et combinaison de tous ces messages entre eux) tel qu'eux seuls se comprennent.

Faire semblant : par des jeux de fiction, dès deux ans et demi, l'enfant mêle réalité et imaginaire lors de jeux où il se prend tantôt pour la maîtresse d'école, le papa qui conduit sa voiture, la maman qui écrit à l'ordinateur, l'épicière ou la marchande. Solitaires ou à plusieurs, ces jeux symboliques permettent à l'enfant d'intégrer les rôles et fonctions des personnes qui l'entourent, tout en lui donnant une place face à autrui. C'est un moyen pour lui de mieux définir les contours de sa personnalité.

Conservation des grandeurs physiques : à partir de six ans, l'enfant parvient à comprendre que certaines matières fluides comme l'eau, le sable, etc., restent identiques malgré leur transvasement d'un récipient large à un autre plus étroit. Cette capacité à ne pas se laisser abuser par la fluidité d'un volume est révélatrice d'un niveau de compréhension élevé et autorise l'enfant à des raisonnements de plus en plus complexes. La compréhension de la conservation des grandeurs et des volumes est donc un indicateur fiable d'un stade donné du développement de l'enfant.

Fonction symbolique : capacité de l'esprit humain à faire correspondre un signe simple à une idée complexe. Dès l'âge de dix-huit mois, certains enfants partagent des valeurs communes avec leur entourage. Une feuille de papier posée sur la tête de l'enfant devient pour lui (et les autres) un chapeau ; une quille devient une bouteille à la table de la dînette. Autre exemple : faire semblant de boire dans une timbale vide et dire « C'est bon ». La fonction symbolique est indispensable pour accéder à un niveau mental normal. Elle conditionne donc l'intelligence, l'affectivité et la socialisation, trois dimensions humaines essentielles.

Stade du miroir : le stade du miroir est chez l'enfant le phénomène qui consiste à reconnaître sa propre image dans un miroir. Très tôt, d'ailleurs, l'enfant apprend à lire ses propres émotions sur le visage de l'adulte qui s'occupe de lui. Lorsqu'il sourit et que l'adulte sourit, le bébé lit sa propre émotion. Vers le neuvième mois, cette capacité s'affine encore pour devenir parfaite à l'âge de quatre ans.

À un an, face à un miroir, l'enfant est intrigué, il observe son reflet dans un perpétuel va-et-vient entre le miroir et lui-même. Suivent des jeux de mains et des bisous sur la glace. À cet âge, l'enfant reste persuadé qu'il s'agit d'un « copain de jeu ». Avec le temps, vers un an et demi, son attitude change : il est gêné, voire perplexe. Il assimile peu à peu la magie du reflet de sa propre image.

Vers deux ans, âge de la socialisation, l'enfant comprend qu'il s'agit de lui-même.

Après trois ans, le miroir est devenu un objet fonctionnel comme les autres, il commence à s'en servir comme le font son papa et sa maman.

Il s'agit là d'une acquisition essentielle aidant à la constitution du moi de l'enfant.

Le stade du bonhomme têtard (dessin) : comme la parole ou le jeu, le dessin devient, dès trois ans, un outil nécessaire et spontané qui permet à l'enfant d'exprimer un monde intérieur (indiquant par là même son niveau intellectuel et affectif). Il révèle aussi ainsi la perception qu'il a de lui-même et de ses proches.

Ranger, ordonner : au cours des deux premières années, les acquisitions se font dans le plaisir en imitant les parents qui rangent. À ce stade, ranger est un jeu comme un autre pour l'enfant. Suivent de nombreuses phases où il fait preuve d'un raisonnement intelligent démontrant ses capacités de déductions logiques. C'est à quatre ans, et pas avant, que l'on peut certifier qu'un enfant acquiert définitivement la capacité à ranger, classer et ordonner correctement. Il peut enfin mettre en ordre sa chambre avant le coucher... avec l'aide patiente d'un parent.

Voilà donc quelques-unes des situations montrant le raisonnement intellectuel qu'acquiert un enfant avant six ans.

Le temps des « Pourquoi ? »

4 ans

Sébastien :

« Notre fils de quatre ans, Anselme, nous pose toujours les mêmes questions : "Pourquoi ceci ?", "Pourquoi cela ?" À la maison ou dans la rue, il demande encore "Et pourquoi... ?" Malgré nos réponses et notre patience, il faut reconnaître qu'au bout d'une dizaine de fois, cette question répétitive devient franchement pénible à supporter. Qu'est-ce que cela peut cacher ? Que faire ? »

On le sait, les enfants sont curieux... Et c'est très bien ! Dès trois ans, tout les émerveille et les questionne. Ils commencent à découvrir le monde avec des yeux d'enfants innocents et même naïfs. Leurs questions démontrent leur intérêt, leur ouverture d'esprit, l'attrait pour la socialisation et le message qu'ils adressent aux adultes qu'ils interrogent.

La forme habituelle des questions reste le fameux « Et pourquoi... ? ». La réponse donnée, on a encore droit à un autre « Et pourquoi ? ». Cela peut durer des heures. Certains parents s'en agacent. Il faut reconnaître que cette question lancinante et monotone peut irriter certains parents, surtout s'ils ne sont pas disponibles pour répondre.

Pour nous, adultes, l'enfant questionne des évidences ; mais il faut comprendre que tout est nouveau pour lui. Pourquoi le ciel est bleu ? Pourquoi la dame est dans une chaise avec des roues ? Pourquoi le monsieur a un bébé dans le ventre ? Pourquoi la fillette est toute noire ? etc. Lorsqu'il reçoit la réponse, il n'est pas rare qu'il redemande le pourquoi du pourquoi. En fait, l'esprit de déduction commence à s'installer dans sa tête et il essaye de relier les idées et concepts qui s'accumulent en lui.

Si votre enfant vous demande d'où vient l'eau de la mer, il est logique qu'une multitude de « pourquoi » suive en rafale, jusqu'à ce qu'il comprenne que l'eau de pluie est recueillie par les montagnes, qu'elle forme des ruisseaux, puis des rivières et des fleuves auxquels s'ajoutent la fonte des neiges, les sources naturelles, etc., jusqu'à arriver à la mer. Cette liste de questions développe l'esprit de déduction, d'enchaînement et aide à comprendre la causalité des événements. On comprend alors que toutes les informations demandées aident l'enfant à organiser sa pensée. Il accumule des connaissances, les classe, les relie entre elles, en tire des déductions, se trompe, redemande et corrige de lui-même. Il fait son monde, se fait au monde et donne du sens à sa vie.

Il arrive que la question soit gênante : « Comment on fait les bébés ? », « Pourquoi le monsieur a une canne blanche ? » Selon le moment choisi, il faut reconnaître que les parents ne sont pas toujours à l'aise pour répondre. On peut manquer de disponibilité, on peut aussi être gêné de répondre dans un autobus ou dans une salle d'attente.

Conseils

N'éludez pas ces questions gênantes par un « Tais-toi, ça ne se dit pas ». S'il pose une question parce qu'il a vu un unijambiste, un aveugle, une femme naine, ne lui interdisez pas de poser des questions : il risquerait de penser que c'est mal d'être différent. Or, c'est en prenant conscience des différences que l'on est apte à grandir. On peut lui dire qu'on retient la question, qu'on y répondra une fois rentrés à la maison parce que la réponse est longue et que ce n'est pas le moment opportun.

Soyez bref, direct et simple en répondant à un enfant et n'entrez jamais dans des explications compliquées ou trop complètes. Votre enfant ne demande pas un exposé et encore moins une conférence. En fonction de son âge, on adaptera une réponse à son niveau de compréhension, quitte à revenir sur le sujet plus tard, lorsque l'enfant aura évolué.

Le stade du miroir

6-12 mois

Didier :

« Je suis très étonné car nous avons l'impression qu'Adélaïde, qui a cinq mois, n'arrive pas à se reconnaître dans un miroir. Est-ce normal à cet âge ou faut-il s'en inquiéter ? »

Par cette question, vous abordez le thème du « stade du miroir » qui consiste, chez l'enfant, à reconnaître sa propre image dans un miroir.

Dès deux ou trois mois, l'enfant se reconnaît dans le regard que ses parents lui adressent. En cela, on peut dire que son premier miroir est celui que ses parents reflètent.

À six mois, voyant son propre reflet, il pensera qu'il s'agit d'un autre enfant : il lui adressera des sourires, tendra les bras, l'embrassera même, comme s'il était séparé de lui par une vitre. Cette non-reconnaissance s'explique par le fait que le nourrisson se vit dans une bulle, en symbiose avec sa mère, et ne se sait pas encore différent d'elle. Il faudra attendre cette période dite de « l'angoisse du huitième mois » pour que, enfin libéré de « l'écorce maternelle » qui le protège, il puisse accéder à la reconnaissance de son image dans le miroir.

L'identification de soi n'est donc pas évidente. Elle suppose une certaine construction mentale, un franchissement de plusieurs étapes dans le développement psychologique du tout-petit, étapes qui se chevauchent la plupart du temps.

Entre neuf et quinze mois, l'enfant est intrigué par le miroir. Il essaie de prendre l'image avec ses mains, contourne le miroir pour voir ce qu'il y a derrière et restera de longs moments devant la glace à observer son corps et son reflet dans un perpétuel va-et-vient : jeux de mains, bisous sur la glace, etc. Il reste persuadé qu'il s'agit d'un « copain de jeu ».

Entre quinze et dix-huit mois, son attitude change ; il regarde fixement le miroir et se montre perplexe et mal à l'aise : « Pourquoi ce bébé qui fait les mêmes gestes que moi ne me répond-il pas ? » C'est sa première prise de conscience de l'effet synchrone du miroir. Il va alors affiner ses expériences en répétant chaque mouvement et en le décomposant au ralenti. Il tente des grimaces et mimiques et observe la réaction de « l'autre ». Il se met à toucher l'image et la trouve plutôt « froide ». Il attend, puis s'impatiente, s'en détache puis y revient ; et c'est après avoir délaissé le miroir un long moment, qu'en y retournant, le déclic peut se produire. Il commence à comprendre la magie du reflet de sa propre image.

Entre dix-huit et vingt-quatre mois, âge où la socialisation bat son plein, l'enfant redoute son image spéculaire et se met à éviter le miroir qui néanmoins l'attire. C'est précisément à cette période qu'il s'oppose systématiquement aux adultes, qu'il refuse de prêter ses jeux. « L'autre », dans le miroir, lui fait de l'ombre et vient probablement déjouer - selon lui - ses tentatives de constitution de son moi. C'est lorsqu'il tend un jouet à l'autre ou qu'il s'arrête stupéfait et inactif devant le miroir, lorsqu'il se rend compte de l'absence de réaction de « l'autre » que, peu à peu, l'enfant de deux ans est convaincu qu'il peut ne s'agir que de lui-même.

Mais ce sont principalement les expériences de répétitions de gesticulations et d'explorations renouvelées qui l'apprivoiseront et lui feront reconnaître sa propre image. C'est une acquisition essentielle qui aidera à la constitution du moi de l'enfant.

Cependant, il est rare qu'un enfant reste longtemps seul face à un miroir, sans être accompagné d'un adulte. En général, il s'agit de la mère qui associe volontiers des mots à l'interrogation affichée de l'enfant. C'est dans ce contexte que la mère donne du sens là où l'enfant peine à en trouver. Ses mots s'apparenteraient à « Mais oui, c'est bien toi ! ». **C'est par cette reconnaissance de son enfant dans le miroir que la mère lui permet d'accéder, à son tour, à sa propre identification.**

Les mots d'une mère font souvent office d'autorisation ou d'accès au sens pour son enfant. Pour mieux comprendre, dans le cas d'un enfant aveugle, par exemple, c'est principalement l'accompagnement verbal de la mère qui amènera celui-ci à apprendre à s'identifier.

Contrairement aux théories anciennes, on peut aujourd'hui affirmer que c'est seulement vers deux ans que l'enfant commence à faire la relation entre son image et son reflet dans le miroir et qu'il saisit que les deux ne représentent qu'une seule et même personne.

Après trois ans, son intérêt pour le miroir, devenu un objet comme les autres diminue, il pourra s'y admirer, jouer et plus facilement s'en détacher puisqu'il se connaît déjà un peu mieux. Cet outil que représente le miroir devient plus fonctionnel à ses yeux; il commence à s'en servir comme le font Papa et Maman.

Conseils

Tentez l'expérience d'apposer une pastille autocollante sur le front de Bébé. Vous observerez qu'à cinq mois, il touche la pastille sur le miroir ; à quinze mois, il tâte son visage sans la localiser précisément ; entre deux ans et deux ans et demi, il touche son front au bon endroit : il a compris que lui et son reflet sont une seule et même personne.

Trouble et gêne face au miroir sont naturels avant l'âge de deux ans chez l'enfant.

Évitez de vous moquer de sa peur éventuelle devant son image dans le miroir et proposez-lui plutôt de l'accompagner en l'encourageant face à cet « autre enfant » qui l'intrigue tant.

Au lieu d'insister pour le confronter à son image dans le miroir s'il n'en ressent pas l'envie, respectez son rythme d'évolution et laissez-le décider seul du moment opportun. Il y parviendra bien un jour, comme tous les enfants.

Installez un miroir en pied (sur un mur ou le pan d'une armoire) dans sa chambre.

Un enfant qui frappe sa propre image dans le miroir n'est ni agressif ni masochiste, il tente simplement de se protéger de « l'autre » qu'il ne connaît pas, en l'effrayant.

Le dessin du bonhomme

4 ans

Aminata :

« Ma fille Bintou (quatre ans et demi) dessine beaucoup. Cela lui fait du bien, la calme. Mais je trouve qu'elle dessine encore très mal le corps humain. Sa maîtresse n'est pas inquiète mais j'aimerais être rassurée. Est-ce un problème ? »

Pour les enfants, dessiner est bien plus que le simple plaisir de jouer avec les formes et les couleurs sur du papier. Grâce au dessin, ils expriment une partie de leur monde intérieur.

Au fur et à mesure que la conscience de soi évolue, les dessins se structurent et évoluent. C'est pourquoi le dessin du bonhomme est passionnant : il nous donne à voir la manière dont l'enfant se pense lui-même. Suivons les étapes une à une.

Le moment où s'ébauche le moi de l'enfant coïncide justement avec celui où il commence à tracer des cercles sur sa feuille. Ses premières boucles ont une forme compacte, grossière, elles ne sont pas fermées : non seulement parce qu'il est en train de se construire, mais aussi parce qu'à l'âge où il commence l'apprentissage de la propreté, votre tout-petit conçoit son corps comme un rond, avec un trou par lequel passent ses excréments... À mesure qu'il parvient à maîtriser ses sphincters, il va fermer ce trou en insistant parfois à la jonction de la boucle comme pour mieux... le boucher. Quelque temps plus tard, il s'arrangera pour que le retour du crayon tombe à pic... Cette bulle désormais fermée témoigne que votre enfant se considère comme un individu à part entière, c'est-à-dire unique et distinct d'autrui. D'ailleurs, vers trois ans, il est en pleine crise d'opposition pour mieux affirmer son existence par rapport à la vôtre ! Lorsqu'il dessine un bonhomme, il n'a évidemment pas conscience de se représenter lui-même graphiquement... Il vous explique avoir dessiné un rond, un soleil ou encore un ballon. Mais la constitution de son « moi-bulle » se fait véritablement sous vos yeux.

Entre trois et quatre ans, il commence à introduire des éléments à la fois intérieurs et extérieurs à la bulle. Le premier et le plus important est l'ajout des yeux : l'enfant en a besoin pour s'identifier. À sa naissance, souvenez-vous, c'est à votre regard qu'il attachait le sien... Du reste, les poupées ou les peluches qui n'ont pas de prunelles le laissent totalement indifférent. Après les yeux arrivent la bouche, souvent un simple trait maladroit, un peu de travers, puis les bras et les jambes, symbolisés par de grands traits directement attachés à ce qui est maintenant une « bulle-visage ». Il vient de réaliser ce que nous appelons le « bonhomme têtard » (appelé ainsi parce qu'il évoque le premier stade du développement de la grenouille). Affiner ce drôle de petit personnage pour lui donner un abdomen séparé de la tête, des mains, des pieds, des cheveux, lui demandera environ deux ans...

Entre quatre ans et quatre ans et demi, tous les enfants dessinent des bonshommes passant par les mêmes stades, mais ils ne le font pas forcément au même moment : il faut tenir compte de leurs centres d'intérêt (certains privilégiant le langage ou la motricité avant le dessin) ainsi que des événements familiaux (naissance, déménagement,...) qui peuvent freiner leur progression, voire les faire régresser. À ce stade, ils savent déjà dire « je », ils ont achevé les premières ébauches de leur moi.

C'est le moment où ils élargissent les thèmes de leurs dessins à la famille, aux objets, au monde qui les entourent. La différence sexuelle est déjà marquée dans les dessins. Il n'est pas rare de constater que les filles dessinent des princesses et les garçons des avions. Ce n'est pas un hasard : votre petit bout sait à quel sexe s'identifier et il le montre dans ses dessins, dotant quelquefois au passage ses personnages d'un sexe disproportionné comme pour insister sur ce qui l'interroge intérieurement (phase de l'identité sexuelle). Les dessins des petites filles se font plus minutieux, elles couvrent leurs princesses de belles robes, de bijoux, de diadèmes finement élaborés... Les petits garçons explorent la force masculine et, aux côtés de leur dessin du bonhomme, on trouvera un avion, des fusées, des voitures supersoniques crachant des flammes !

Que de questions tournicotent dans leur tête : pourquoi les filles n'ont pas de zizi, comment fait-on les bébés, est-ce que Maman voudra bien se marier avec moi quand je serai grand ? Le dessin sert aussi à représenter, à exprimer – avec toute la force de l'imaginaire qu'ils ont jusqu'à six-sept ans – les grandes interrogations qui les titillent, leurs conflits intérieurs, leurs peurs, leurs désirs, mais aussi leurs colères. D'ailleurs, cette belle capacité d'imagination et d'invention se heurtera peu à peu aux dures réalités de l'existence. Parfois, après avoir été grondé, votre enfant va faire quelques affreux gribouillis rageurs sur une feuille. Il se défoule en sachant qu'il ne risque pas de vous blesser !

Conseils

La tentation est grande, pour les parents que nous sommes, de vouloir donner un sens, d'interpréter les dessins de nos enfants à la manière des psychologues.

Il est préférable d'accueillir ces dessins en se gardant de commentaires, en demandant tout simplement : « Qu'est-ce que c'est ? » Et là, votre tout-petit sera tout fier de vous raconter son dessin...

Ne rajoutez rien et ne corrigez jamais un dessin d'enfant car c'est sa vision du monde en cours d'élaboration, et non la vôtre... Comme il est en pleine construction, l'enfant répète inlassablement les mêmes dessins pour s'entraîner à affiner ses gestes et mieux manier couleurs et mélanges... Il ne maîtrise pas tout, alors il essaie, il teste... On ne se construit pas en un jour !

Pour mieux conserver ses « œuvres », glissez-les dans des pochettes à dessin, année par année ou trimestre par trimestre, avec son nom et la date au dos de la feuille. La production est très abondante ? Faites-en le tri régulièrement avec votre enfant. C'est à lui de décider de ceux qu'il a envie de garder ou non, selon l'importance qu'il accorde à chacun de ses dessins.

Les tests psychologiques

dès 6 ans

« **Fatou :**

J'ai été convoquée par la maîtresse de CP qui me recommande de faire passer à mon fils des tests avec la psychologue scolaire. En quoi cela consiste-t-il ? »

La présence de psychologues dans les écoles est une chance. Ils permettent de mieux comprendre les difficultés de certains élèves, parviennent souvent à repérer l'origine du trouble et font des recommandations pour pallier le problème, puis suivent l'enfant un peu plus attentivement durant l'année scolaire.

Ils sont appelés par les institutrices à observer le comportement d'un enfant en classe, et le reçoivent aussi en entretien pour affiner le repérage des difficultés. Il s'agit souvent d'une baisse de concentration, de résultats subitement médiocres, d'un comportement perturbateur en classe ou en récréation. Il peut aussi être question d'un enfant agressif ou, au contraire, victime des agressions des autres.

Parmi les techniques utilisées par les psychologues scolaires, on trouve bien sûr l'entretien individuel, les dessins de l'enfant et leur interprétation, les entretiens avec les parents, la concertation avec les enseignants et la passation de tests. C'est ce dernier point que nous allons aborder.

Les tests psychologiques évaluent différentes capacités de l'enfant :

La sphère intellectuelle est repérée grâce à un test qui englobe les connaissances scolaires, les formes de raisonnement qu'utilise l'enfant pour résoudre une question ou un problème, etc. Il permet de bien déterminer les domaines dans lesquels l'enfant est compétent et ceux pour lesquels il a plus de difficultés.

La maîtrise de l'espace et du temps est, elle aussi, testée pour évaluer si l'enfant se repère bien dans les jours de la semaine, s'il est bien latéralisé, s'il se sert de sa mémoire pour reconnaître des situations anciennes, similaires ou nouvelles.

L'aspect social est étudié, ainsi que la sphère affective.

Enfin, les tests les plus délicats sont les tests projectifs où l'enfant livre des réponses face à une photo ou un dessin représentant des scènes qu'il est censé vivre durant son enfance: la jalousie, l'agressivité, la relation à son père ou à sa mère, la représentation qu'il a de lui-même, ses craintes, sa vie imaginaire riche ou pauvre, etc.

À la fin d'un bilan assez long et complet, le psychologue scolaire rédigera un compte rendu qui tracera un profil psychologique se rapprochant au plus près de l'enfant et permettant de percevoir ce qu'il faut développer dans sa personnalité ou son fonctionnement intellectuel, et ce qui mérite d'être corrigé si on repère des lacunes ou des souffrances.

Dans un deuxième temps, le psychologue peut, selon le cas, ne rien modifier ou bien préconiser des entretiens de soutien psychologique, une aide psychopédagogique, une rééducation en orthophonie ou en psychomotricité.

Conseils

Je comprends bien qu'on puisse s'inquiéter face à une convocation de cet ordre-là, surtout lorsqu'on ne sait pas en quoi consiste le travail d'un psychologue scolaire. Mais il faut aussi faire confiance aux enseignants qui voient vos enfants cinq ou six heures par jour. Un bon enseignant est à même de détecter les difficultés d'un enfant et il lui revient d'en informer les parents pour en discuter avec eux et les conseiller. C'est une des fonctions les plus délicates qui soit que d'être vigilant et attentif à chaque enfant. Je préfère un enseignant qui signale un problème plutôt que celui qui fait mine d'ignorer la souffrance scolaire d'un élève. Petite précision : avant de faire passer des tests psychologiques à un enfant, on demandera une autorisation écrite des parents.

Développement affectif

Les démonstrations d'affection

3-6 ans

Julie:

« Pourquoi est-il plus tendre avec moi qu'avec son père ? »

Aux alentours de trois ans, l'enfant traverse une phase très particulière de son développement psychologique qui se terminera vers six-sept ans. Pendant ses trois ou quatre premières années, certaines expériences seront peut-être déterminantes pour sa future vie sociale et sentimentale. Il s'agit d'une période complexe dont le nom est emprunté à la mythologie grecque. Œdipe, héros mythique a, sans savoir qui ils étaient, tué son père et épousé sa mère. La psychanalyse s'est ainsi inspirée de ce mythe grec pour expliquer cette phase dite du complexe d'Œdipe.

Dans le cas des enfants dont on parle, le garçon - comme la fille - s'attache plus particulièrement au parent de sexe opposé. Le garçon se rapproche de sa mère et la fille de son père. Ce rapprochement est à entendre comme un regain d'intérêt, une demande d'affection supplémentaire que réclame l'enfant à ce parent. Parfois, cette relation mère/fils ou père/fille peut aller plus loin, du moins dans la tête de l'enfant. Il n'est pas rare que certaines fillettes de quatre-cinq ans déclarent (ou pensent à voix basse) vouloir se marier avec leur papa et même avoir des enfants avec lui. Il n'est pas exceptionnel non plus de voir des garçons se lover un peu trop près de leur mère. Et ce, à un point tel que l'autre parent devient un concurrent potentiel. Pour certains, il peut s'agir d'une simple jalousie envers ce parent ; pour d'autres, cela peut aller jusqu'à la haine (exprimée ou refoulée). Certains enfants aimeraient occuper la place du père dans le lit pour dormir auprès de la mère et certaines filles se mettent à faire une sorte de cour à leur père. Tous ces mouvements affectifs sont naturels et sains dans l'esprit des enfants.

Il faut éviter d'entrer dans le jeu de l'enfant, de peur de donner trop de crédit à ses sentiments et de l'entretenir dans l'illusion que son fantasme pourrait se réaliser avec votre accord. Il est souhaitable qu'il comprenne que tout cela n'est qu'un rêve tendre qui ne se réalisera jamais. Cette révélation le rend souvent triste, voire un peu déprimé. Cela atteste qu'il fait son deuil de ce désir et qu'il avance bien, malgré tout. C'est donc vers l'âge de six ou sept ans qu'il pourra envisager de s'attacher à d'autres enfants de son âge pour s'en faire des amis (ou une fiancée ou un amoureux).

L'idée à retenir, c'est que l'enfant expérimente ainsi son identité sexuelle. « Comme je suis un garçon, alors je dois être avec une femme. La plus belle et celle que je mérite, c'est bien Maman. » Et la fillette cultive le même raisonnement vis-à-vis de son père. Pour ressembler à « Papa-Maman », l'enfant apprend à « faire couple », mais il n'est pas en couple.

Conseils

N'entravez pas cette période essentielle de l'enfance en lui donnant trop de crédit. Ne répondez pas toujours aux sollicitations de votre enfant. Un exemple : à cet âge, garçons et filles ont tendance à se glisser dans le lit parental, si possible entre les deux parents, par affection, mais aussi pour les séparer. Dans ce cas, demandez-lui de rester sur un côté et non au milieu, si cela vous gêne de le savoir entre vous, ou posez-lui au moins la question : « Tu es sûr que tu veux rester entre Papa et Maman ? »

Durant cette phase précise, n'allez pas dans le même sens, n'insistez pas trop pour lui dire que, lui aussi, est le plus beau garçon de la terre, que vous vous seriez volontiers mariée avec lui si vous ne l'étiez déjà avec son père. En un mot, laissez-le rêver sans entrer dans son jeu.

Je veux un chien !

Jennifer :

« La cousine de Grégoire, quatre ans, a reçu un lapin pour Noël et maintenant, il est obnubilé par le désir d'avoir un chien ou un chat. Il est vrai qu'il est fils unique. Mais c'est beaucoup de responsabilités. Faut-il céder ? »

Nous savons tous combien les enfants se sentent proches des animaux. Il est tentant pour un enfant unique d'avoir un compagnon qui lui sera fidèle, attaché, confident lorsqu'il le faut, protecteur et réconfortant.

Or, deux problèmes majeurs se posent aux jeunes enfants :

- La responsabilité d'une telle charge. Il est aussi facile d'adopter que d'abandonner – en se détachant de l'animal – et cela est regrettable tant pour l'animal que pour l'enfant qui pourrait croire qu'un être vivant peut être abandonné.

- Entre trois et six ans, presque tous les enfants traversent une phase sadique au cours de leur développement psychologique. Cette étape, pénible, n'a rien d'anormal. Mais la plupart des accidents entre un enfant et son animal surviennent pendant cet âge critique. Morsures, griffures, etc., dont est victime l'enfant qui malmène son compagnon parce qu'il ne lui répond pas au doigt et à l'œil, sont monnaie courante.

Les enfants, qui se sentent sous la dépendance de leurs parents, apprécient d'avoir des animaux qui, à leur tour, dépendent d'eux. Ce renversement de situation les aide à se responsabiliser.

Cela dit, une mention particulière mérite d'être signalée : les enfants vivant à la campagne sont plus à même de s'accommoder de la vie avec un animal. Ils acceptent mieux le côté réfractaire d'un chat, par exemple ;

ils respectent plus le sommeil du chien ou le moment où il mange sa pâtée. Ils supporteront plus facilement certaines expériences particulières : mise bas de chiots ou mort de leur compagnon chéri.

Conseils

Si, malgré tout, vous décidez d'adopter un animal, préférez plutôt des poissons ou des tortues miniatures en aquarium, plus commodes à élever. Demandez à votre enfant, pour le responsabiliser, de cocher chaque jour le calendrier lorsqu'il leur a donné à manger. Faites-le participer au nettoyage du bocal. Apprenez-lui à manipuler avec précaution les animaux, quels qu'ils soient. Interdisez formellement l'agressivité envers eux. Assurez-vous, enfin, qu'il ne passe pas son temps à les observer ; vive la lecture, le jeu, etc.

Mes filles réclament toujours des cadeaux

« **Esperanza :**

Pourquoi mes filles de trois et sept ans me demandent-elles régulièrement des cadeaux ? Leur père ne vit plus avec nous et je travaille beaucoup. Lorsque je rentre tard de mon travail, elles fouillent mon sac. Si on est au supermarché, elles réclament à chaque rayon ; de même lors d'une sortie, au square, tout le temps. J'avais commencé par céder et en échange, je recevais des bisous et des câlins de mes filles, mais maintenant, leur exigence est quotidienne. Ma réponse : Je ne m'appelle pas Crésus ! Auriez-vous une explication ? »

Esperanza, seriez-vous Crésus, il ne serait pas bon de trop les gâter. Quels enfants n'apprécient pas de recevoir des cadeaux ? Et c'est normal.

Toutefois, ne soyons pas étonnés. Vos filles réclament des cadeaux parce qu'elles ont été habituées à en recevoir. Vous avez reçu, en retour, leurs câlins et leurs bisous.

Cet échange affectueux n'a peut-être pas été suffisamment verbalisé. En effet, il est possible que vos filles vous demandent tout simplement de l'affection, votre présence à leurs côtés. Il n'est pas toujours facile de trouver du temps, mais faites un essai : remplacez celui que vous consacrez aux achats de cadeaux par un moment avec elles et vous remarquerez qu'elles oublieront leur demande. Il est probable également que leur père leur manque.

Lorsqu'on ne prend pas suffisamment conscience des manques, des frustrations et des insatisfactions qui sont notre lot, il arrive que l'on compense. Les adultes emploient des artifices plus ou moins heureux. Pour certains enfants, ce sont les cadeaux et les friandises qui semblent remplacer les câlins dont ils ont besoin.

Conseils

Si vous ne pouvez pas revenir plus tôt à la maison, dites-leur que vous pensez souvent à elles. Trouvez néanmoins cinq minutes, en arrivant, pour les tenir dans vos bras avant de vous occuper de vous. Mais pas plus de cinq minutes. Dites-leur qu'elles auront droit à une histoire avant leur coucher, si elles sont sages. Même si elles dorment dans la même chambre, lisez une histoire différente à chacune, adaptée à son âge.

Avant de les quitter, demandez-leur de vous raconter une chose positive qui s'est produite pour elles dans la journée et une chose négative. Elles auront le sentiment d'avoir une écoute chaleureuse et intéressée.

Si vous voulez faire des cadeaux, cherchez d'autres idées que les jouets, les vêtements et les friandises. Que diriez-vous, par exemple, d'une plante miniature, d'une rose, d'une carte postale rigolote avec, au dos, un mot gentil et un baiser dessiné ?

Vous pouvez aussi leur confectionner, quand vous avez du temps pendant le week-end, une tarte aux fruits ou tout autre dessert dont elles raffolent : c'est aussi un cadeau que de passer un moment avec elles à la cuisine. Pendant ce temps-là, vous pensez aussi à elles. Et c'est exactement ce qu'elles recherchent : savoir qu'elles comptent pour vous. Personne n'en doute, mais ce qui importe là, c'est de le leur dire.

Une maman aimante et attentionnée comme vous l'êtes ne doit pas renoncer, pour autant, à être stricte, voire sévère s'il le faut, surtout si le papa n'est pas présent. Cela n'enlèvera rien à votre amour et votre générosité.

Tenez bon !

Ma fille rejette son père

2-3 ans

Christelle :

« Pourquoi ma fille de deux ans rejette-t-elle son père en ce moment et refuse-t-elle ses câlins ? Elle pique de grosses colères lorsqu'il lui demande un bisou. Mon mari s'occupe très bien d'elle et il ne comprend pas ce rejet. Que peut-on faire ? »

Il est très fréquent que les fillettes refusent de faire des câlins ou même un simple bisou à leur père à un moment précis de leur jeune âge. Cela commence plutôt aux alentours de trois-quatre ans. Votre fille paraît précoce par rapport à ce sujet dont nous allons parler.

Il s'agit du fameux complexe d'Œdipe, sujet qui revient très souvent dans vos courriers.

Rappel : vers trois-quatre ans, le garçon et la fille commencent à « tomber amoureux » du parent du sexe opposé, c'est-à-dire que le garçon se rapproche affectueusement de sa mère, et la fillette, de son père. Notons au passage, qu'ainsi, les enfants forment un couple imaginaire « garçon-fille » ou plutôt « homme-femme », comme les adultes.

Mais avant cette phase, qui va durer une, deux, parfois trois années, une étape préliminaire intervient, annonciatrice de cette lune de miel. C'est précisément celle que vit votre fille.

L'enfant marque fortement sa désapprobation envers le parent qu'il aimera plus tard. En fait, il faut lire les choses en négatif : si votre fille refuse les bisous de son père, c'est pour bien s'assurer qu'elle vous aime et que vous l'aimez, avant de se pencher – dans six mois ou un an – un peu plus vers son futur « amoureux ». Elle veut d'abord renforcer le lien qui vous unit à elle pour être certaine que, dans six mois, vous ne lui en voudrez pas de ce qu'elle est en train de fomenter dans votre dos... malgré elle. L'inconscient est très bien organisé. On renforce d'abord le lien avec Maman, puis on se met à lui « chiper » son conjoint pour imiter la relation homme-femme lorsqu'on sera amoureuse de Papa.

Cette stratégie innocente marche depuis la nuit des temps. Elle n'a jamais fait de dégâts relationnels entre parents et enfants ; au contraire, elle aide les enfants à se construire. Rappelons-nous que nous aussi avons été enfants et que nous sommes passés par ce cheminement, sans qu'il ait laissé de traces. Et il ne faut rien en dire à l'enfant. Tout cela est très sain. Seuls les mots que nous utilisons pour exprimer cette situation complexe empruntent les termes d'un langage amoureux, propre aux adultes, alors qu'il ne s'agit que d'affection et de tendresse légitime entre l'enfant et son parent. Tout est gentiment innocent, malgré la force des sentiments.

Conseils

Ne vous inquiétez pas, cette phase va bientôt s'estomper. Votre fille reviendra tendrement vers son père. Elle acceptera ses bisous et en redemandera même. Ils s'aimeront comme tout père aime sa fille ; puis viendra l'autre phase, celle où elle vous rejettera pour imiter le couple homme-femme et, vers huit ans, ce jeu sérieux cessera pour s'orienter vers d'autres alliances... plus légitimes. Lorsqu'elle aura compris qu'elle ne peut pas se marier avec son papa, elle se tournera vers des camarades et aura un ou plusieurs fiancés...

Fan de TiJi à quatorze ans

« **Élisa :**

J'ai deux filles de cinq ans et quatorze ans. Depuis peu, la grande, Adèle, s'intéresse aux émissions pour jeunes enfants. Elle est "scotchée" devant TiJi quand sa petite sœur regarde cette chaîne. Plutôt bonne élève, elle est très mûre pour son âge et a même un petit copain. Mon second mari, son beau-père, lui fait la guerre pour qu'elle cesse, mais cela semble être plus fort qu'elle. Faut-il s'inquiéter ? »

Exceptionnellement, nous allons répondre à une question qui concerne une ado. Comme cette jeune fille est fan de TiJi, elle nous est d'autant plus sympathique.

Plus sérieusement, notons le contexte : il semble que la grande sœur adopte momentanément une attitude... régressive : à certains moments, elle retrouve des comportements infantiles. Au demeurant, il n'y a rien de grave à cela, dans la mesure où les autres sphères (intellectuelle et sociale) sont plutôt satisfaisantes. En effet, elle est bonne élève, nous dit sa mère, et fréquente même un petit ami.

Il n'est pas rare que des ados, plutôt épanouis et sûrs d'eux physiquement et intellectuellement, s'offrent un retour plus ou moins long vers des zones de l'enfance qu'ils ont traversées. Il est fort possible qu'Adèle, en raison de la séparation de ses parents, du remariage et de l'arrivée de sa sœur, ait fait une pause au cours de son développement affectif. Cela pourrait expliquer qu'elle soit si captivée par cette parcelle de l'enfance. TiJi, chaîne de télévision réservée aux quatre-sept ans, indique la zone de l'enfance qui est restée en mémoire chez Adèle : retourner à la naïveté et à l'innocence des enfants de quatre à sept ans, revisiter l'imaginaire infantile de cet âge-là, la magie et le monde où tout est encore possible, fait apparemment encore rêver votre grande fille : c'est beau !

Il paraît évident qu'elle va plutôt bien. Elle va même tellement bien qu'elle n'a aucun complexe à oser déguster des instants privilégiés avec sa petite sœur, probablement pour se rappeler des bons moments qu'elle a connus elle-même.

Conseils

Ce retour aux sources paraît inquiéter votre conjoint actuel.

Rassurez-le en autorisant votre fille à regarder ces émissions enfantines, dès lors qu'elle ne se prend pas au sérieux.

Vous pouvez interroger votre aînée à ce sujet pour vous convaincre qu'il s'agit bien d'une activité à prendre au second degré. Elle a sûrement besoin de revenir en arrière, ce qui indique que, consciemment ou non, elle a bien repéré qu'un changement va s'opérer en elle. En effet, à chaque phénomène de régression chez les enfants et les adolescents, une dynamique psychologique se met en jeu.

L'enfant perçoit, longtemps à l'avance, les efforts qu'il va devoir fournir d'ici peu pour accéder à une phase supérieure de son développement physique et intellectuel. L'exemple typique est l'entrée au collège ou au lycée. Dans la période qui précède, l'enfant ou l'adolescent retombe dans des pratiques plus enfantines afin de se ressourcer autour de zones affectives qu'il a connues par le passé et qui ont été bénéfiques. Ainsi régénéré et bien rechargé en énergie pour mieux affronter la nouvelle étape, il se décide à aller de l'avant.

C'est la fameuse expression « reculer pour mieux sauter ».

À quoi servent les contes et histoires du soir ?

dès 3 ans

Marie :

« Il arrive souvent que ma fille aînée de cinq ans se plaigne de voir un loup dans sa chambre ou lorsqu'on fait une balade en forêt. Et depuis un mois, le petit qui a trois ans et demi réclame justement qu'on lui lise *Le Petit Chaperon rouge*. Sa sœur tend l'oreille pour écouter l'histoire. Quel est le poids des contes et histoires du soir sur nos enfants ? »

On peut s'interroger sur ce qui motive un enfant qui a peur des loups et des sorcières à demander justement des histoires de loups et de sorcières. Pourquoi raconter des contes de fées aux enfants ? Qu'est-ce que cela leur apporte ?

À cette question je répondrai, sans conteste, que les contes et histoires pour enfants développent leur imaginaire et les rendent plus intelligents.

Dans la journée ou au moment d'aller au lit, rien ne peut détrôner les histoires que les parents leur racontent. Ni la télé, ni les jeux vidéo les plus élaborés ne peuvent rivaliser avec « l'histoire du soir ».

Que peut comporter une fable, un conte, une histoire pour qu'un enfant soit si captivé ?

Dans les contes, on retrouve précisément une partie de la vie imaginaire des enfants : un contexte, une situation difficile à vivre, un obstacle bien repéré ou, au contraire, flou et inquiétant, un héros ou un anti-héros auquel l'enfant peut s'identifier, des méchants, un brin de magie possible, une formule à prononcer, des secrets, des énigmes, des gentils et des méchants bien sûr et, pour finir, une issue, une fin, en général heureuse, mais pas toujours. Nous en reparlerons plus tard.

Si nos enfants se portent bien, s'ils sont souriants, bons élèves, et que nous sommes pour eux des parents parfaits, il n'en reste pas moins vrai que tous les enfants vivent des difficultés normales et légitimes liées à leur développement psychologique. C'est précisément la solution à ces difficultés que les enfants cherchent dans ces contes et ces histoires qu'ils réclament tant et qu'on leur raconte.

Rappelons ce qu'un enfant normal affronte tout au long de son développement :

- en premier lieu, je dirais la dépendance à l'égard de ses parents : dans les histoires d'enfants, on a souvent un héros fait prisonnier ou bien seul face à l'adversité. Ce héros cherche une aide ;

- sa fragilité, il est petit et faible : dans les contes, on retrouve des enfants face à des géants ou des monstres crachant du feu ;

- la défense de sa place au sein de la fratrie : les clans, les rivalités et les exclusions sont fréquents dans les récits d'enfants ;

- l'affrontement avec la solitude et les angoisses : dans les contes, justement, on a des attaques de méchants, des sorts maléfiques jetés par une sorcière hideuse, un loup affamé qui rôde à la recherche de chair fraîche...

Je peux dresser toute une liste de peurs et de difficultés que tous les enfants traversent, qu'ils soient intelligents ou pas, grands ou petits. Tous les enfants projettent une partie de ce qu'ils vivent sur le récit que les parents vont leur conter.

Pour répondre à la question posée, je dirais que c'est précisément parce que l'enfant a peur du loup qu'il demande des histoires de loups. C'est parce que l'enfant redoute les monstres ou les sorcières qu'il va en réclamer. Le récit, en présence des parents, est un entraînement efficace pour affronter la peur qu'il ressent. Et c'est la répétition, soir après soir, qui va l'habituer, le renforcer et lui faire dépasser cette peur.

On n'oblige pas un enfant à écouter une histoire qui lui fait peur, mais si c'est lui qui la demande, faites-lui confiance et racontez-la, même s'il en fait des cauchemars. Votre enfant sait exactement ce qu'il y cherche et ce qu'il veut y trouver.

De même, il est important qu'un enfant sachant déjà lire (sept ans, huit ans) puisse bénéficier encore de la lecture du soir car, pendant que l'adulte lit, lui n'est pas encombré par le déchiffrage. Il ne lui reste plus qu'à écouter, ouvrir les yeux, visualiser la scène et... y entrer pour mieux en ressentir l'intensité. Si votre enfant sait lire, proposez-lui de maintenir ce rituel aussi longtemps qu'il le souhaite, éventuellement jusqu'au collège. Quitte à ne lire qu'une partie de l'histoire et qu'il la termine. À cet âge, la lecture à voix haute est très importante.

Enfin, la plupart des histoires pour enfants, les contes et les fables contiennent un message. Ce message est plus efficace s'il transite par un récit plutôt que par les parents qui l'assèneront comme un principe ou un ordre.

Dans *Le Petit Chaperon rouge*, par exemple, l'enfant comprend qu'on ne parle pas à un inconnu et qu'il ne faut surtout pas le suivre.

Dans *Le Petit Poucet*, l'enfant retrouve la peur du manque, le dénuement et l'angoisse de l'abandon.

Blanche-Neige fait penser à la mort d'une mère, à la présence inquiétante d'une marâtre, mais aussi au prince charmant.

L'histoire de *Cendrillon* abordera le thème de la jalousie fraternelle et le sentiment d'être moins aimé par ses parents.

Ces récits, tels qu'ils sont construits, avec un début, un développement, des intrigues, des solutions possibles aux conflits et une fin plus ou moins heureuse, permettent aux enfants de mieux se représenter leurs conflits internes. C'est en cela que les histoires les aident à progresser dans leur développement psychologique.

Conseils

Je ferai deux recommandations :

- on ne raconte pas une histoire à un enfant s'il n'est pas en âge de la supporter. Il faut donc s'informer auparavant de l'âge auquel s'adresse le livre ;
- il faut éviter de transformer la fin d'un récit. Si l'histoire se termine mal, il faut se dire que cette fin, telle qu'elle a été choisie par l'auteur, a du sens. Par exemple, dans la véritable histoire du *Petit Chaperon rouge*, la grand-mère et le Chaperon rouge terminent bien dans le ventre du loup. Il est important que l'enfant comprenne qu'il y a un risque face au danger. À vouloir toujours que tout se termine bien, on risque de tromper l'enfant et de lui faire croire que tout est magique ; ainsi, il ne sera pas prêt à affronter la vie et ses vicissitudes.

Développement
de la personnalité

Bébé a peur des inconnus, il est « un peu sauvage »

dès 8 mois

Nathalie :

« Ma fille a tout juste un an. Auparavant, elle souriait chaque fois qu'elle rencontrait la voisine, la boulangère ou Mamie ; maintenant, elle se met à pleurer. Je ne comprends pas ce changement d'attitude. Elle est devenue "sauvage" et cela m'inquiète. »

Il s'agit d'une angoisse normale qui n'est pas aussi nocive qu'on le pense. Votre fille aborde une étape essentielle de son développement qui lui permettra de se sentir exister à part entière. Voyons cela.

À partir du huitième mois, l'enfant comprend qu'il est un être bien distinct de sa maman. Durant ses huit premiers mois, il considérait qu'il ne faisait qu'un avec sa mère. En effet, s'il avait faim, le sein arrivait ; s'il avait froid, on le réchauffait ; s'il se sentait trop seul, on venait le réconforter et le cajoler. C'était presque magique. Mais au fur et à mesure de son évolution psychique, il prend conscience que tous ses souhaits ne sont pas forcément satisfaits. Il n'est pas vraiment autonome, il ressent des différences entre son état intérieur et l'humeur de sa maman : tout ne marche pas comme il le voudrait, un décalage existe entre lui et les autres. Il est donc différent des autres. En deux mots : il existe bien, à part entière.

Ce constat, cette sensation d'exister et d'être distinct de sa mère le plonge alors dans une angoisse très grande, car il pressent qu'il est dépendant de sa mère et de son père. Cette incapacité à être autonome le fragilise et le rend vulnérable. Dès lors, tous les adultes qu'il ne connaît pas et qui s'approcheront de lui et de sa mère l'inquiéteront. Il va craindre qu'on ne le sépare de celle dont il dépend. De là sa réaction extrême qui témoigne de sa peur. Il se réfugie dans le giron de sa mère, sous ses jupes et se met même à pleurer.

Conseils

Contrairement à l'attitude de certains parents gênés, il ne faut pas se moquer d'un bébé qui a peur. Montrez-lui que vous n'êtes pas inquiète. Si vous sortez de la pièce où il est resté seul avec la personne qui lui est étrangère, continuez à lui parler à distance pour qu'il entende votre voix. Cette angoisse typique du huitième mois fait partie des étapes majeures du développement de la personnalité de l'enfant.

S'il fallait insister encore un peu, sachez que lorsqu'un enfant ne traverse pas ce stade essentiel à sa construction psychique, nous sommes, nous les psychologues, inquiets pour son développement.

La confiance en soi

Céline :

« Je suis maman de trois enfants de dix, huit et cinq ans. Ma question concerne l'aîné : il n'accepte pas l'autorité, s'énerve facilement en donnant des coups de pied un peu partout. Durant la journée, il est en pleine forme, tout va bien et, comme par hasard, avant d'aller au lit, il a soudainement mal au ventre, envie de vomir, bref il est malade… alors que cinq minutes plus tôt, tout allait bien ! D'où cela peut-il venir ? »

Vous soulevez là deux petites difficultés très habituelles chez les enfants de cet âge, dix ans. Il s'agit, d'une part, de la confiance en soi qui s'exprime chez votre aîné par une difficulté à supporter les frustrations et, d'autre part, de la peur qu'il doit sûrement ressentir au moment de se coucher sans oser vous le dire.

Reprenons. À dix ans, un garçon est soumis à des pressions multiples et perturbantes. Il est déjà bien engagé dans l'âge de raison, il cherche à se faire aimer de ses parents, à ne pas les décevoir. Le vôtre fait sûrement tout ce qu'il faut pour se distinguer de ses frères qui doivent, tout à la fois, l'envier un peu et le mettre sous pression. Il lui revient de tenir son rôle d'aîné dans cette fratrie de trois et enfin, il lui est demandé, comme à tous les enfants, de faire sien un triptyque fondamental : respect des parents, respect du fonctionnement familial et respect de la vie scolaire. Admettez que tout cela est assez lourd à porter pour un enfant de dix ans. Ce dont votre fils a besoin, c'est d'encouragements, de fierté exprimée, de temps exclusif qu'il pourrait passer tantôt avec vous mais surtout avec son père.

Si nous abordons votre seconde question, la difficulté de votre aîné à accepter d'aller au lit, là encore la chose semble simple et naturelle puisque les enfants, comme les adultes, ont besoin de sommeil. Mais à son âge, beaucoup d'enfants (en particulier les garçons) sont soumis à une peur angoissante : celle de l'intrusion d'un individu dans la maison. Les enfants parlent alors d'un voleur. Ils ont presque tous peur que ce dernier leur fasse du mal ou les kidnappe. Nous pouvons, nous adultes, trouver cela ridicule, mais la fréquence de cette peur chez tous les enfants de huit à douze ans nous force à admettre que nous avons dû, nous aussi, ressentir cette crainte dans notre enfance. Il faut comprendre cette peur d'aller se coucher comme un aveu de faiblesse. Dans la journée, votre fils va bien, il se sent en forme, comme vous le dites. Il joue peut-être au caïd avec ses frères, se montre exigeant envers eux, envers vous, etc. Il voudrait être fort. Mais il n'a que dix ans et sait bien qu'il n'est pas si puissant et autonome qu'il le voudrait. Il s'invente alors un personnage qui lui veut du mal et se met à en avoir peur pour vous montrer qu'il est encore faible et sans protection. En somme, il rétablit lui-même la vérité : « Je ne suis qu'un enfant et j'ai encore besoin de mes parents. » C'est presque touchant !

Voilà, votre fils est tiraillé entre le besoin de se sentir aimé, valorisé et la déception de ne pas être autonome et complètement indépendant.

Conseils !

Tout cela nous donne un théorème connu des psychologues et psychanalystes : d'un côté, il y a un désir (grandir, se sentir fort) et, de l'autre, il y a une restriction (je suis encore petit et dépendant). La rencontre de ces deux forces antagonistes produit un conflit. C'est toujours ainsi que les conflits psychologiques naissent. Nous en fabriquons tous, chaque jour : un désir fort, l'interdit tout aussi fort lié à ce désir. L'issue entre ces deux forces : le conflit psychique interne.

C'est cette tension qui se décharge lors des crises de votre fils. Comprenez-le et aidez-le en le valorisant lorsqu'il fait quelque chose de bien.

Elle dit non à tout !

dès 18 mois

> **Faroudjia :**
>
> « Ma fille Lily, qui vient d'avoir deux ans, conteste tout. Elle refuse tout ! Elle était obéissante, goûtait à tout, était toujours enthousiaste pour jouer et voilà qu'elle dit systématiquement non à tout. Si j'insiste, elle pique une colère. Cela nous déroute. Que faire ? »

Il s'agit de la phase dite d'opposition systématique. C'est une étape très pénible, il est vrai, mais lorsque vous en comprendrez la mécanique, vous supporterez sûrement mieux ses crises et ses caprices.

Dès l'âge de dix-huit mois, les enfants affirment leur personnalité en se distinguant de l'avis et des décisions de leurs parents. L'une des façons d'y parvenir est de dire non à tout. Le but est de se montrer réfractaire et de gêner les parents par la désobéissance. En disant « Non ! », l'enfant dit : « Tu as un avis et moi, j'ai un autre avis. Nous sommes donc différents. » Il cherche par tous les moyens à se sentir exister en tant que sujet, indépendamment des parents. Il apprend à repérer ses limites, en même temps qu'il teste celles des adultes. Sans le savoir, il construit sa personnalité et c'est pour cette raison que cette phase d'opposition systématique est essentielle à son développement.

Le problème vient du fait que le tout-petit n'est pas conscient de ce qui l'anime et ne sait pas exprimer ce qui le travaille tant intérieurement. Beaucoup de parents interprètent cette opposition comme un caprice ou le début d'un caractère fort, voire tyrannique. Or, sans cette étape capitale, l'enfant resterait trop docile, mou et sans personnalité à l'avenir.

Conseils !

Ne vous affrontez pas systématiquement à tous les « non » que l'enfant va prononcer.

Apprenez à laisser passer quelques caprices intempestifs et sachez sévir fermement lorsque la situation le demande. Par exemple, lorsqu'on traverse une rue, il n'est pas question de le faire sans lui tenir la main. En revanche, s'il tient absolument à manger seul avec sa fourchette, laissez-le faire. Il faut éviter de se montrer trop rigide et intransigeant, de peur d'en faire un réfractaire trouvant plaisir à contester tout ce que vous déciderez. Cette période peut durer, pour certains, jusqu'à… cinq ans !

Les caprices

dès 3 ans

Élisa :

« Mon petit garçon, Tonelo, jette tout et se traîne par terre quand je ne veux pas lui donner ce qu'il veut… Que dois-je faire ? »

Tel que vous parlez de votre fils, il semblerait qu'il ait entre trois et cinq ans. À cet âge, les enfants traversent une phase d'autorité et d'exigence intense. Ils se croient les rois du monde, sont capricieux, se sentent tout-puissants lorsque les parents accèdent à leurs volontés, lorsqu'ils se sentent observés et admirés. Tout cela est peut-être difficile à supporter, mais c'est heureusement normal. Néanmoins, il est aussi normal de poser des limites que d'ailleurs les enfants attendent. Ils veulent être contenus, bien cadrés. Je ne dis pas « dressés », mais simplement encadrés par des règles : être autorisés à faire ceci mais limités pour faire cela. C'est cette difficile alchimie qui s'appelle « éduquer » : autoriser et interdire, c'est tout un art.

Si l'enfant sait par avance ce à quoi il a droit et ce qui lui est interdit, il parvient à mieux se structurer, psychologiquement parlant. Plus un enfant est cadré et meilleure sera son organisation de pensée dans l'avenir. Pour autant, il revient aux parents d'être cohérents. Lorsqu'on dit non à un enfant, il faut s'y tenir. Lorsqu'on permet quelque chose, on ne revient pas sur sa parole, sauf exception. C'est cette cohérence qui aide l'enfant et le rassure. Ce sont les incohérences, les paradoxes, les contradictions des parents qui autorisent les enfants à enfreindre les limites. Retenez le principe qu'il vaut mieux être trop strict que trop laxiste en matière d'éducation.

Il me faut à présent nuancer mes propos parce qu'il y a deux autres points à considérer pour bien comprendre l'attitude de votre fils.

- Il traverse comme tous les enfants la fameuse période dite d'opposition systématique. Il dit non à tout, même à ce qu'il aime habituellement. Aussitôt que les parents (et seulement les parents) lui demandent quelque chose – « un bisou », « donne-moi la main pour traverser », « viens à table », « sors du bain » –, les enfants de deux à cinq ans se rebellent et aiment s'opposer, pour le plaisir de résister aux parents. C'est leur manière de se sentir exister. Cette phase est nécessaire pour affirmer leur personnalité future. Il est donc certain que votre fils est en pleine phase d'opposition à tout.

- Votre enfant est un garçon et de ce fait, pour se constituer une identité de garçon puis d'homme lorsqu'il sera adulte, il lui revient de s'inventer une fausse situation de couple. Le couple imaginaire auquel il rêve, c'est celui dans lequel il serait avec vous, en tant que fiancé ou mari. Il y pense tant qu'il passe parfois une bonne partie de son temps à imaginer que vous lui appartenez : d'où, probablement, son exigence envers vous. On appelle cette période du développement, le complexe d'Œdipe. Nous l'avons presque tous vécu, inconsciemment pour certains.

Voilà le tableau : période de l'opposition systématique à tout ce que vous lui demandez, difficulté à supporter les frustrations que vous lui imposez par un cadre éducatif, phase du complexe d'Œdipe. C'est tout cela qui constitue, en ce moment, une grosse partie de ses difficultés quotidiennes.

Et si jamais le papa était peu autoritaire, voire absent, nous aurions là le tableau de l'enfant capricieux par excellence.

Conseils

Dans ce cas, un seul principe qui a fait ses preuves : autorisez-vous à vous montrer autoritaire. Votre enfant sera rassuré et, plus tard, vous en sera même reconnaissant.

Il ne prête pas ses jouets

2-4 ans

Christopher :

« Flore qui vient d'avoir trois ans refuse de prêter ses jouets et pique une colère si on la pousse dans ce sens. Est-elle égoïste ? Doit-on la forcer ou respecter sa possessivité ? »

Flore, comme tous les enfants, réagit normalement étant donné son âge. En effet, entre deux et quatre ans, l'enfant construit le noyau à partir duquel sa personnalité se développera. Voyons comment cela se passe.

Imaginons qu'à son âge, elle rassemble les pièces d'un puzzle qui seraient l'affection qu'elle a pour ses parents, la jalousie qu'elle entretient avec ses frères, la peur de l'autorité, le sentiment de culpabilité, les limites à enfreindre ou à respecter, ses poissons rouges, son doudou, ses jouets, etc. Ces pièces de puzzle sont, pour l'instant, désorganisées. Elle a deux années devant elle pour réaliser son « travail ». Si, durant cette période, on la déstabilise en dérangeant ce puzzle, vous comprendrez qu'elle puisse se sentir mal.

Qu'est-ce qui peut déstabiliser un enfant de cet âge, pendant la construction de son moi interne ? L'arrivée d'un petit frère, par exemple, cassera l'équilibre qui avait été trouvé parce que les parents se mobiliseront différemment et seront moins disponibles. L'enfant risque alors de ne pas se sentir affectivement en sécurité pour la suite de cette construction interne.

Autre événement déstabilisant, bien que moins grave : se départir d'une pièce du puzzle, comme un jouet. Cela peut nous paraître ridicule à nous autres adultes, mais ôter un jouet à un enfant, pour le prêter à un autre, reviendrait à déstabiliser l'organisation patiente et minutieuse qu'il tente péniblement de mettre en place. À cet âge, son jouet constitue une partie de son capital, voire une extension de lui-même. N'oubliez pas que les sentiments et les objets font encore partie de lui et de sa construction ; lui prendre un jouet revient à lui arracher une pièce de son puzzle, de sa construction interne. C'est tout ce trouble qu'on lui impose lorsqu'on l'oblige à prêter un jouet à un enfant qu'il ne connaît pas.

Sur un plan sémantique, on pourrait dire qu'entre deux et quatre ans, l'enfant construit son ego. Vous comprenez mieux alors qu'il traverse précisément une période d'égoïsme ou d'égocentrisme, c'est-à-dire qu'il est centré sur son ego.

Conseils

Dans un square, plutôt que de l'obliger à prêter ses jouets, dites à l'enfant qui veut lui emprunter sa pelle ou son tricycle : « Ne te fâche pas, mais en ce moment, il n'aime pas trop prêter ses jouets. C'est comme ça, je préfère que tu n'insistes pas. Une autre fois, peut-être ?... » Votre enfant vous sera très reconnaissant de le comprendre et de défendre ainsi sa position psychologique. Au dos de ses jouets destinés au square, inscrivez ses initiales à l'aide d'un marqueur, cela le rassurera. Être protecteur, c'est aussi cela être parent.

Lorsque vous recevez des amis qui amènent leurs enfants, demandez-leur d'apporter des jouets, pour que le vôtre n'ait pas peur de se faire spolier.

Il a à peine deux ans et éclate de rire quand je le gronde

2 ans

Soraya :

« Que dois-je faire avec mon fils de deux ans qui est impertinent avec moi, se moque de moi, ne supporte pas que moi ou mon conjoint le contrarions. Mais le comble est qu'il se met à rire lorsque je le gronde ou le punis. »

Votre fils est en pleine phase dite « d'opposition systématique ». Il conteste tout, par principe. Il essaye d'exister par lui-même, sans tenir compte de vos souhaits, de vos principes éducatifs, ni de quoi que ce soit. Il se croit tout permis, tout-puissant et tente de n'en faire qu'à sa tête. Le portrait que je dresse là est celui de très nombreux enfants de deux ans, garçon ou fille. On s'attend à ce que les enfants qui ont une forte personnalité réagissent ainsi, à cet âge-là. Il n'y a là rien d'inquiétant, croyez-moi. Mais là où vous pouvez et devez changer, c'est dans votre réaction face à ce caractère bien trempé.

En premier lieu, lorsque cet enfant se montre téméraire, voire irrévérencieux envers ses parents, c'est qu'il attend d'eux une réaction. Celle-ci consiste à lui faire savoir qu'on ne doit pas répondre à ses parents comme il le fait ; que sa façon de parler ne vous plaît pas et qu'il doit apprendre à se contrôler. Dites-lui que vous le gronderez et lui ferez la leçon chaque fois qu'il se montrera vilain, faites-lui valoir qu'il sait être beaucoup plus mignon lorsqu'il obéit, lorsqu'il est plus docile et qu'il parle plus gentiment.

Aidez-le à trouver les mots justes et corrects qu'il aurait pu utiliser pour exprimer sa colère. Par exemple : « Non Maman, je ne veux pas faire ça. » Les enfants ont également tendance à rejeter l'autre lorsqu'une situation les contrarie. Dites-lui qu'au lieu de vous dire « Je ne t'aime pas ! », il pourrait dire plutôt « Je n'aime pas quand tu me demandes de faire ça », « Je n'aime pas que tu me dises que je ne suis qu'un petit enfant ».

Il est bien évident qu'à son âge, il ne sait pas encore parler comme je le suggère. Mais c'est l'idée générale et l'intention qu'il devra comprendre: il doit admettre que ce n'est pas le parent qui est vilain ou méchant mais que ce sont les obligations et les principes éducatifs des parents qui le gênent et le contrarient. Il doit également apprendre à contrôler son langage, ses réactions et ses moments d'énervement et d'opposition.

L'essentiel sera d'être vigilant pour ne pas tomber dans le piège de la fascination engendrée par la forte personnalité du jeune enfant et d'oublier de le contraindre à respecter les règles élémentaires de correction envers ses parents et envers les adultes qui s'en occupent – les puéricultrices de la crèche, la nounou, les futures maîtresses d'école maternelle, etc. C'est à vous, parents, qu'incombe la tâche d'élever et d'éduquer vos enfants. C'est à la maison que les premières règles éducatives et les formes de respect envers l'adulte doivent s'exercer. Et ce n'est pas à la collectivité (crèche, école) qu'il revient de leur apprendre cela.

Conseils

Faites intervenir le père le plus souvent possile pour faire asseoir l'autorité dont votre enfant à besoin.
Demandez-lui de jouer le rôle que l'enfant attend de lui, mettre des limites à son envahissement. Le père doit exprimer son autorité et poser les interdits indispensables.

Si vous avez grondé et puni votre enfant, laissez-le de côté, en lui montrant votre mécontentement. Quelques minutes après, lorsqu'il sera calme et prêt à vous écouter, revenez sur l'incident en lui disant ce qui est mal et ce qui est bien. On a un peu oublié ces deux notions morales et c'est dommage. Est-ce par culpabilité ?
Faites-lui la leçon et dites-lui que vous en parlerez aussi à son père.

Pour tout cela, il n'est absolument pas nécessaire de recourir à la fessée. Avec certains enfants, il suffit d'ailleurs de tendre l'index vers eux, d'avoir un regard sérieux et énergique, d'être ferme pour se faire respecter. Autorisez-vous à être un parent exigeant et autoritaire. Mieux vaut être un peu trop sévère que laxiste.

Distinguer le caprice, la colère et le réel besoin

dès 2 ans

Jeanne :

« J'ai une petite fille de trois ans qui se met vite en colère lorsqu'on la contrarie. Elle dit non à tout bout de champ, mais n'aime pas qu'on lui refuse quoi que ce soit. Elle pique des colères, réclame tout et n'importe quoi mais on ne peut pas passer notre vie à interdire et punir. Comment faire le tri entre tout ça ? »

La fameuse période dite « d'opposition systématique », où l'enfant dit non à tout, constitue une phase majeure dans le développement de sa personnalité. Elle s'étend de dix-huit mois jusqu'à cinq, six ans, voire plus...

Entre les « non » refus et les « non » provocation, entre les « non » de peur et les « non » qui veulent dire « oui », il n'est pas toujours facile de s'y retrouver lorsqu'on est parent. L'enfant choisit évidemment les moments les plus gênants pour pratiquer cette « douce torture psychologique ». Il n'est pas rare qu'il manifeste ses caprices au moment de partir pour l'école ou lorsqu'il faut prendre un train. Certains parents, il est vrai, cultivent l'art de trop écouter les moindres désirs de leur chérubin et interprètent volontiers un refus ou une contrariété comme un cataclysme éducatif les condamnant à être des parents fautifs pour le restant de leurs jours. La culpabilité des parents est souvent au centre des crises et des caprices de l'enfant.

Il faut apprendre à se donner des priorités et des principes avec lesquels on ne transigera pas. La sécurité, la santé, la protection, sont des critères qui devraient aider les parents à être intraitables avec l'enfant qui fait un caprice ou une colère. Le chantage de l'enfant qui réclame un bonbon dans une boulangerie ou au supermarché pour intimider ses parents en est l'illustration parfaite. Posons-nous la question suivante : « Est-ce que mon enfant va aller mal s'il ne mange pas ce bonbon ? » La réponse est si évidente que l'on pourrait, à chaque crise, décliner la même question pour se convaincre. Le doute et la peur de mal faire nuisent à la clarté de nos actes de parents.

À l'inverse, il arrive qu'un parent ne soit pas réceptif aux attentes de son enfant ; et le risque de ne pas entendre ses demandes peut avoir pour conséquence que ce dernier se sente incompris. Lorsque les parents sont peu à l'écoute des besoins réels de l'enfant, celui-ci développe en retour un mode de communication en forme de surenchère : parler fort, exiger ou gémir, braver l'autorité, refuser tout en bloc et devenir provocateur par la parole ou les actes.

Le conflit ne provient donc pas seulement de l'enfant.

Conseils

Principe de base : dans le doute, mieux vaut se montrer trop strict plutôt que laxiste. Un enfant a besoin de sentir les limites que lui impose son parent pour se constituer une personnalité bien bordée et protégée.

Apprenez à prévenir votre enfant de votre fatigue ou de votre manque de disponibilité pour qu'il évite de « vous chercher » inutilement. Mieux vaut prévenir que sévir...

Elle aime regarder les vidéos où elle est filmée

Élisabeth :

« Ma fille a deux ans et neuf mois, son petit frère a six mois et, depuis peu, elle demande sans cesse à se regarder sur les DVD faits maison, depuis sa naissance jusqu'à aujourd'hui. Est-ce dû à l'arrivée de son petit frère ? Est-ce normal ? »

Entre deux et quatre ans d'écart, la plupart des frères et sœurs font preuve d'une jalousie mutuelle franche ou masquée. En effet, c'est précisément entre ces deux âges que l'enfant élabore le noyau qui constituera, plus tard, sa future personnalité. Votre fille, qui a bientôt trois ans, est en plein dans ce tourbillon qui l'occupe : rassembler toutes les pièces de sa vie d'enfant en un tout. L'affection, la jalousie, l'autorité, la peur, la témérité, les rêves, etc., tout cela est éparpillé dans sa tête, et elle a besoin de deux années pleines pour réaliser un tout unifié de ces morceaux disparates. Au terme de ses quatre ans, elle sera entièrement « finie » sur le plan de sa personne. Elle sera entière, indivisible, individuée : autrement dit, elle se sentira pleinement comme vous et moi, à savoir un individu à part entière. Comme votre fille n'a pas encore quatre ans, elle se cherche et tente discrètement d'exister en dehors de la présence de son frère (qu'elle ne peut écarter). Une manière de sentir qu'on existe est de se regarder sur des photos ou dans des films où l'on figure. En outre, son frère n'apparaît pas sur tous les films. Et lorsqu'il y est, la différence de capacités intellectuelles, motrices, verbales, etc., entre les deux est telle que cela la rassure.

Ce besoin de visionner ces films où elle apparaît a, me semble-t-il, pour fonction de conforter son sentiment d'existence à part entière. Elle se convainc elle-même. Et c'est tant mieux.

Mais si votre fille en est là, il est possible qu'elle ait besoin de voir ce sentiment exister aussi dans vos yeux ; qu'elle souhaite passer du temps avec vous, en tête à tête, sans votre fils. Elle peut avoir peur que vous accordiez plus d'importance à son frère qui est petit et très dépendant.

Une autre interprétation est envisageable : s'il vous arrive souvent de lui dire qu'elle est grande, cela peut l'angoisser. Elle est certes plus âgée que son frère, mais c'est encore une toute petite fille d'à peine trois ans, qui a besoin de câlins, d'attentions, de disponibilité, de moments de confidence, etc. C'est peut-être ce qu'elle recherche dans ces vidéos où elle figure, la représentation qu'elle est bel et bien là, présente, active et dynamique.

Nous, psychologues, parlons dans notre jargon du « stade du miroir ». Votre fille pourrait, en ce moment, avoir besoin de se sentir exister pleinement en se regardant. Comme il est très difficile de se voir de haut en bas, le miroir ou la vidéo constituent un excellent reflet d'elle-même.

Conseils

Pensez à la regarder, la féliciter lorsqu'elle réussit quelque chose, dites-lui que vous êtes fière d'elle. Réservez-lui un moment chaque semaine, le jour où vous le pouvez, pour avoir une activité avec elle.

Offrez-lui un petit album de photos vierge et autorisez-la à y mettre des photos empruntées à vos propres albums. Laissez-la choisir toute seule celles qui lui plaisent. Si vous êtes passée aux photos numériques, imprimez-lui-en quelques-unes. Il s'agit pour elle de constituer son album de photos, reflet de sa vie de sa naissance à ses trois ans. Sur les photos, on la retrouvera dans vos bras à la maternité, mais aussi lors de ses anniversaires, on verra ses parents et ses grands-parents, son premier jour d'école, son chien ou son chat et... peut-être voudra-t-elle y mettre une photo de son frère. Si ce n'est pas le cas, ne la forcez surtout pas ! Tous les enfants de cet âge sont égoïstes et centrés sur eux-mêmes. Et c'est bien normal.

Elle pourra emporter cet album chez ses grands-parents, ses cousins, oncles et tantes pour le leur montrer. Lorsqu'elle est triste ou nerveuse, pensez à lui suggérer de regarder les photos de son album. Cela la rassurera et la calmera.

Il découpe tout le temps…

4 ans

Faouza :

« Je m'inquiète de voir mon fils de quatre ans passer son temps à découper des papiers et cartons avec des ciseaux, coller et recoller tout ça. Il semble heureux et peut rester des heures à pratiquer cette activité. Est-ce que cela cache un souci quelconque ? Faut-il le montrer à un psychologue ? »

Faouza, votre fils va bien et même très bien, je peux vous l'assurer. Cette activité de découpage et collage est très prisée par les enfants entre trois et cinq ans. Que se passe-t-il ?

Entre deux ans et quatre ans, l'enfant essaye de rassembler toutes les pièces du puzzle que constitue sa personne. Il s'agit de divers domaines qu'il doit unir et unifier. L'affection envers les parents, l'obéissance, la désobéissance, la jalousie au sein de la fratrie, l'autorité, la soumission, l'acceptation d'être encore petit et dépendant des adultes, sa force, ses besoins, ses envies, ses pulsions, les interdits imposés par ses parents et la société, etc., tout cela forme un puzzle dont les pièces éparpillées devront être rassemblées en un tout à quatre ans. À ce moment-là, l'enfant aura réuni les divers éléments et c'est à partir de ce puzzle finalisé que se constituera le noyau de sa future personnalité.

L'enfant n'a pas conscience de tout ce mécanisme. En revanche, il sait représenter ces pièces éparses et leur réunification. Pour cela, il découpe des morceaux de papier et les colle : c'est par le geste, et donc l'activité de découpage et collage, qu'il entreprend cette phase essentielle au développement psychologique : l'individuation. Ainsi il résout, en partie, ce travail de construction de lui-même.

Lorsque son puzzle intérieur est terminé, clôturé, on peut dire que le noyau de sa personnalité peut enfin évoluer. Il est alors un enfant uni, unifié en un tout. Il est un individu, indivisible, il forme un tout, il est UN.

Donc ce jeu très sérieux qui consiste à découper avec des ciseaux du papier, du carton ou tout autre matériau mis à sa disposition, est la représentation de lui-même : des morceaux isolés. Et cette colle qui réunit les différentes parties, c'est son travail de rassemblement, de recentrage.

Vous comprenez à présent que cette activité est une belle activité, noble et ingénieuse à la fois, qui lui permet de grandir.

Conseils

Il faut, à la fois le laisser poursuivre cette activité, mais aussi veiller à ce qu'il diversifie ses centres d'intérêt : du sport, une activité culturelle d'éveil, les jeux avec des camarades à l'école, au square, etc.

Mettez à sa disposition un catalogue de vente par correspondance périmé, montrez-lui comment découper les personnages et les objets et indiquez-lui qu'il peut coller tout cela sur une feuille vierge pour en faire, sous forme de patchwork, des saynètes et des mini-tableaux.

Autre réalisation à lui proposer avec ses collages : les réaliser sur des petits papiers de même taille, puis les relier pour former un livre, une bande dessinée, un album. C'est encore mieux puisqu'un livre est un ensemble de pièces réunies en un tout harmonieux.

Mannequin à quatre ans ?

Jennifer :

« Ma fille de quatre ans, Mélodie, a été sélectionnée par une agence de mannequins (photos, pubs). Accepter comporte-t-il des risques ? »

Il est évident que Mélodie a été sélectionnée par une agence de mannequins d'enfants parce que ses parents l'y ont inscrite et qu'ils ont souhaité que leur fille en fasse partie.

En général, ce sont plutôt les mères qui procèdent à de telles inscriptions et qui engagent leur enfant dans ce « cercle » si attirant pour le voir poser pour un magazine, une publicité ou dans un spot télévisé. On peut comprendre la fierté d'un parent de savoir son fils, sa fille, élu(e) parmi de très nombreux autres candidats. On pense souvent que l'enfant lui-même est content et demandeur de ce genre de manifestations. Or, il n'en est rien. Les enfants ne font que suivre l'engouement des parents pour leur faire plaisir.

Enfin, ne l'oublions pas, ce type d'expérience, lorsqu'elle réussit, est lucrative. Les parents le savent parfaitement.

Je voudrais maintenant mettre l'accent sur le caractère très personnel qui motive une maman pour lancer son enfant dans une telle entreprise. Suivons un instant, en coulisses, cette mère et sa fille.

Après le coup de fil qui annonce le rendez-vous si attendu à l'agence de mannequins d'enfants, il faut en premier lieu manquer l'école, se rendre à Paris, pour les provinciaux, et là l'équipée commence... Accueil, premières présentations, attente dans les couloirs, deuxième attente au maquillage. Les mères parlent entre elles, comparent leur enfant aux autres, évaluent les chances qu'il ou elle aura d'être choisi(e) ; sur les visages, on lit l'espoir, la joie, l'illusion, tous sentiments que l'enfant sait reconnaître et décrypter dans l'expression de sa mère pour s'en inspirer lui-même. Arrive évidemment un enfant encore plus beau et là, subitement, le visage des adultes se tend, se crispe et l'on pressent le doute. Ce doute se lit encore une fois chez la maman. L'enfant a tôt fait de le repérer et il en est envahi après avoir espéré.

En pareil cas, l'enfant est une éponge.

Vient alors le moment de suivre l'assistante qui amène l'enfant sur le plateau du jury ou du chef de casting. Il ou elle devra affronter les spots, surmonter sa timidité, dire un texte éventuellement, faire le ou la joli(e), plaire, séduire, en un mot « se vendre » comme disent les commerciaux. Puis cette phrase qui tombe comme un couperet : « Merci, on vous recontacte bientôt. » La mère et l'enfant sortent de là avec le sourire, mais suspendus à on ne sait quoi. L'espoir sûrement.

Quel est cet espoir ? Celui de constater que l'enfant qu'on a mis au monde peut plaire, qu'il correspond à un idéal de beauté ou, tout simplement, qu'il a été choisi parmi d'autres.

Ce plaisir-là satisfait le narcissisme des parents. La célébrité est aussi un critère qui aiguise leur orgueil. Exposer son enfant comme la 7e merveille du monde que tout le monde voit et admire peut encore faire rêver. Être le père – ou mieux, la mère – de cet enfant fait exulter certains... Le parent peut n'être pas conscient de ces sentiments intérieurs qui l'habitent et le transportent. Mais il faut bien réaliser que l'on embarque dans son bateau un enfant qui, lui, n'a rien demandé. Or, ces enfants sont, durant le temps du mannequinat, comme mis en mode « pause » : on fige une partie de leur imaginaire d'enfant pour les plonger dans celui des adultes ; mieux, dans l'imaginaire de la mère.

Si l'on réfléchit, on constate que de plus en plus d'enfants sont exposés au regard des adultes au cinéma, dans la presse, sur des affiches. Cela donne une certaine image, faussée, de ce qu'est la vie des enfants. Dans la « vraie » vie, les enfants ne sont pas maquillés, ne portent pas de vêtements luxueux, n'ont pas des attitudes aguicheuses ou provocantes. En outre, on leur fait tenir sur ces affiches, des propos que seul un ado ou un adulte pourrait avoir. Enfants et adolescents ont tôt fait de s'identifier aux jeunes mannequins qui s'exposent. Ils deviennent les consommateurs potentiels si recherchés par le marketing.

Les mannequins sont donc les relais efficaces d'une commercialisation à outrance que l'on critique tant par ailleurs !

La prématurité vers l'âge adulte semble de mise. Il n'est pas étonnant que des midinettes de douze ou treize ans se maquillent, s'habillent comme des jeunes femmes, demandent à aller en boîte de nuit, voire ont eu plusieurs flirts « poussés ». Que deviennent plus tard ces « Lolitas » qui souffrent d'avoir sacrifié une parcelle de leur enfance ? Rares sont les élues qui percent dans le métier ; la plupart en font une expérience de jeunesse ; beaucoup ressortent aussi déçues de ne jamais avoir été retenues après toutes leurs tentatives. Elles garderont une mauvaise image d'elle-même, un goût amer de l'échec, de la tension permanente, du stress, des déceptions, des pleurs, des espoirs avortés, de l'esprit de compétition, et des sourires hypocrites, etc. Des valeurs trop dures à porter pour leur jeune âge, alors qu'elles n'ont sans doute, répétons-le... rien demandé.

Un dernier point : le sport épanouit physiquement et mentalement, la lecture élargit les connaissances, développe l'imaginaire et permet d'approfondir la langue, l'art affine le sens de l'esthétique et ouvre aux autres cultures ; le mannequinat, lui, n'offre aucune de ces valeurs ; il surinvestit le corps et « hystérise » les attitudes d'enfants en les exagérant au point d'imiter celles des adultes.

Conseils

Il revient donc aux parents de veiller à ce que leur enfant lui-même n'entre pas dans cette spirale si tentante, simplement parce qu'il aura été flatté par un photographe, un directeur de casting en quête de jeunes recrues. Enfin, si vous n'avez pu raisonner votre ado, accompagnez-le partout durant cette aventure, car tous les lieux et tous les esprits des adultes ne sont pas pavés de bonnes intentions. À voir absolument : le film *Little Miss Sunshine*.

Quand le surnom devient gênant

dès 6 ans

Marylène :

On a toujours appelé notre fils Damien, « Didou ». Mais depuis qu'il est entré au CP, il ne veut plus qu'on utilise ce surnom qui, pour nous, est plus affectueux qu'autre chose. Il le prend mal. Doit-on céder et pourquoi ? »

Dès son plus jeune âge, on a tendance à donner un surnom à son enfant. Pour les parents comme pour l'enfant, il s'agit, avant tout, d'un signe d'affection. Mais, à partir d'un certain âge, les enfants le refusent et se rebellent. En général, on abrège ou on minimise son nom : Thomas devient Tom, Pénélope Pénée, Christine Cricri, etc. On peut penser que cette minimisation vient confirmer l'adage que « tout ce qui est petit est joli ». Parmi les surnoms, on trouve aussi la panoplie animalière la plus câline qui soit : minou, lapin et autres poussin ou chaton. Puis, les années passent et le surnom reste, entretenant ainsi le côté affectueux et personnalisé que les parents veulent transmettre. On dirait qu'inconsciemment, l'adulte maintient l'enfant à sa place de petit enfant : on sait qui est le parent et qui est l'enfant. Ces petits noms sont généralement précédés de « mon » ou « ma », signifiant « tu es à moi », « tu resteras toujours mon bébé ». Cette pratique peut aussi permettre à des parents de se sentir toujours jeunes, et aux enfants toujours aimés et choyés.

Ces surnoms proviennent généralement du langage populaire, de fantaisies personnelles, de compositions mêlant une part de subjectivité du père et de la mère. Parfois, les frères aînés fabriquent un diminutif ou imposent un sobriquet (par exemple « minus », pour diminuer le frère dont on est jaloux). Il arrive aussi qu'un jeune enfant ne sachant pas prononcer parfaitement le prénom de son frère ou de sa sœur, le tronque harmonieusement au point que les parents adoptent ce surnom. Parfois, ce diminutif est ressenti comme affectueux et tout va bien. L'enfant aime ce nom qu'il garde depuis l'enfance, il l'interprète comme un signe d'appartenance à la famille, un « petit secret » que seuls ses proches connaissent. S'il est le dernier, cela peut constituer la preuve qu'il reste encore le petit chouchou! Ce surnom le représente tellement bien qu'il ne veut pas s'en détacher. L'abandonner reviendrait à renoncer à lui-même. Ainsi, certains adultes portent encore le surnom de leur enfance, sans en être perturbés outre mesure!

Mais il arrive qu'entre six et huit ans, l'enfant demande, plus ou moins explicitement, qu'on abandonne ce surnom au profit de son vrai prénom. À cet âge, en effet, il commence à mieux percevoir la relativité du monde qui l'entoure. Il cherche à se détacher du cocon familial, à s'affranchir de la dépendance parentale et à mieux s'appartenir. En refusant le surnom – que ce soit face à ses copains ou à sa famille –, il revendique sa propre identité. S'il n'est pas toujours capable d'exprimer cette demande avec des mots, il tentera de tirer la sonnette d'alarme par diverses attitudes : en grognant chaque fois qu'on le surnomme, en ne répondant pas, ou en appelant soudain ses parents par leur prénom. Ces signes sont un appel de l'enfant qui signifie : « Maintenons la distance! », « Je ne suis plus le petit que vous voulez ». Lorsque le surnom lui devient insupportable, c'est un signal permettant aux parents de repérer que l'enfant veut prendre son indépendance.

Il faut y être attentif. Il entend se faire respecter, puisqu'il ne se sent plus un bébé! Ce peut être l'occasion pour les parents de lui faire prendre conscience de la maturité qu'on exige parfois de lui : « Je veux bien ne plus t'appeler Mimi, mais il est peut-être temps que tu arrêtes de sucer ton pouce. »

On peut profiter d'un événement important pour l'enfant (anniversaire, entrée au CP, etc.) pour rédiger un mini-faire-part et l'envoyer à la famille et à ses deux ou trois camarades pour annoncer que, à partir de telle date, Didou s'appellera désormais Damien. Cet acte solennel fera office de second baptême.

Conseils

Bien réfléchir au diminutif dont on affuble son enfant avant de lui donner un surnom ou même un vrai prénom. On évitera tout ce qui pourrait ridiculiser l'enfant : la fille d'un mécanicien qu'on a appelée « Mégane », le bébé d'un éleveur de chiens qu'on surnomme « Pupuce », le fils du pâtissier qu'on appelle « mon chou », etc.

Ne pas appeler son enfant par son surnom devant les camarades ou les copains du club de sport. Il risque de se sentir diminué ou ridiculisé.

À l'âge de l'adolescence, au plus tard, il faudra penser à lui redonner son prénom d'origine, même s'il n'en fait pas lui-même la demande. En effet, avant qu'il ne devienne adulte, il est grand temps, pour chacun, de « couper le cordon » !

Mon fils ne supporte pas de perdre au jeu

5-8 ans

Anne-Lise :

« Alex a six ans et ne supporte pas de perdre lorsque nous jouons à des jeux de société. Il pique même des crises, prétend qu'on triche. On ne sait pas si cette attitude est normale ou cache quelque chose de plus grave. Merci de nous aider à comprendre.»

Jusqu'à huit ans, il est très fréquent que les enfants, garçons comme filles, n'admettent pas de perdre. Comprenez: vers cinq ans, on peut dire qu'ils sont parvenus à réunifier toutes les parcelles qui constitueront leur future personnalité. Ils se sentent enfin entiers, complets, unis, indivisibles. Ils considèrent être un individu à part entière.

Perdre au jeu représente une régression inadmissible. C'est pour eux comme perdre un morceau d'eux-mêmes. Il est donc normal que votre fils réagisse mal. Il n'est pas encore en âge d'admettre sa défaite.

Pour éviter ce qu'ils considèrent comme un drame, certains enfants en viennent même à tricher. C'est dire combien ce problème les perturbe. À cet âge, les enfants savent être de mauvaise foi lorsqu'ils sont en passe d'être battus, que ce soit à un jeu de société, un sport comme le tennis, le ping-pong ou tout autre.

Ils vont tout faire pour se sentir forts, puissants, invincibles même, pour vous montrer qu'ils ne sont pas si faibles. En fait, ils souhaitent tout simplement ressembler aux adultes, par identification. Il est donc légitime qu'ils veuillent gagner comme un adulte.

Conseils !

Comprenez que c'est un moment passager dans leur enfance qui s'inscrit dans le développement normal de leur personnalité.

Il ne faut surtout pas vous braquer et encore moins les obliger à reconnaître leur défaite. Admettez que c'est pour vous un cap pénible à passer mais qu'il l'est également pour eux. Ils sont victimes de leur perfectionnisme.

Pour vous consoler, préféreriez-vous que votre enfant se sente défaitiste et se traite de nul lorsqu'il perd ? Je sens, d'ici, que vous avez la bonne réponse.

Leur père n'est jamais là

> **Virginie :**
> « Jean-Michel, le père de mes quatre enfants, est sans cesse en déplacement professionnel. Les enfants vivent mal ses fréquentes absences… et moi aussi ! Je ne sais pas comment on peut concilier "responsabilités de la vie professionnelle" ET "place de père dans la famille ?" »

Inutile de dire combien la présence d'un père est fondamentale pour la constitution de la personnalité d'un enfant. Le père représente la force, la loi, la sécurité, mais aussi l'affection, celui par qui on est encouragé, grâce à qui on peut se sentir fier et fort. Il est souvent le tremplin qui permet de réussir certaines épreuves : scolaires, sportives, etc. Or, dans nos sociétés modernes, nous avons encore trop tendance à privilégier le temps passé au travail plutôt que celui passé en famille ou avec ses enfants. Beaucoup trop d'enfants ne voient leur père que pendant le week-end. Certains ont la chance d'être accompagnés à l'école par leur papa, le matin ; mais bien peu peuvent se vanter de trouver leur père à la maison vers 18 heures.

Dès l'âge de quatre ans, à l'heure du coucher, de nombreux enfants se retrouvent seuls face à leur peur du noir. Or, lorsque le père est absent de la maison à ce moment-là, cette peur s'accroît, comme si sa présence était plus rassurante que celle de la mère. La présence du père peut redonner confiance à l'enfant confronté à une angoisse, une incertitude ou un découragement, *a fortiori* s'il s'agit d'un garçon. En effet, le père, comme modèle identificatoire, aide l'enfant à devenir un garçon comme son papa l'a été, puis un adolescent. Le père représente donc un tuteur sur lequel le garçon s'adosse durant plusieurs années.

Quand bien même la mère moderne sait parfaitement dispenser les soins, l'affection tout autant que l'autorité nécessaire à son développement, il est évident qu'elle ne peut apparaître comme le modèle parental complet et entièrement satisfaisant à elle seule. L'enfant, pour se projeter dans un devenir d'adulte, a besoin de la part complémentaire de sa mère, c'est-à-dire le père.

Conseils

Si les papas savent bien retrouver leur place de père pendant le week-end, voici deux astuces faciles à réaliser et qui limiteront l'impact de leur absence, en semaine, auprès de leurs enfants :

- Procurez-vous deux ou trois livres d'enfants en double exemplaire et gardez-en un au bureau. À l'heure où l'enfant a l'habitude d'écouter son histoire du soir, téléphonez-lui et lisez-lui, à distance, son histoire favorite.
- Promettez-lui que même lorsque vous arriverez tard, vous lui donnerez son « bisou du soir » pendant qu'il dort ; n'oubliez pas de lui en parler au réveil.

Socialisation

Ma fille est souvent déçue par ses copines

8 ans

Aurore :

« J'ai une fille de huit ans et, tous les soirs ou presque, j'ai droit à ses pleurs et à ses récriminations : elle est déçue par sa bande de camarades. Tantôt sa meilleure amie est la fille la plus extraordinaire dont elle ne peut plus se passer, tantôt elle semble ne plus la comprendre et la déteste. Dernièrement, elle a été la seule de la bande à ne pas avoir été invitée à un anniversaire, ce qui l'a terriblement vexée, bien sûr. Comment comprendre ces phénomènes ? »

C'est exactement vers huit ans que presque toutes les filles (et non les garçons) sont touchées par cette crise de défiance en amitié. À cet âge où le sens des réalités devient plus évident pour les enfants, se joue un moment capital dans les relations amicales entre filles. Celle qui était la meilleure amie de votre fille commence à la décevoir. Elle fait moins attention à elle, ne lui réserve plus ses confidences comme avant, se met à jouer de préférence avec d'autres camarades et la raye de la liste des invités à sa fête.

Tout cela est tristement banal, bien que pouvant créer de véritables drames en amitié. Toutes les fillettes ne sont pas préparées à vivre ces mésalliances et ces trahisons en série. Il faut dire aussi que ces ruptures se font et se défont en peu de temps. En vingt-quatre heures, deux meilleures amies peuvent se détester puis se rabibocher. Parfois même les parents qui veulent intervenir pour aider et défendre leur fille ne saisissent plus ces revirements brutaux : celle que l'on croyait traître et fourbe ou hypocrite parce qu'elle avait renié notre fille, redevient l'amie la plus chère et la plus fiable... pour quelques jours. C'est à ne plus rien y comprendre.

Essayons d'analyser ensemble ce qui se joue.

Précisons d'abord que souvent, ces amitiés existent de longue date. C'est à l'école maternelle, voire à la crèche, que ces fillettes se sont connues. Elles ont grandi en se côtoyant presque tous les jours d'école, parfois durant le week-end ou en vacances. Il n'est pas étonnant qu'elles aient partagé des idées, des croyances et même un imaginaire identiques. Mais, à l'âge de raison, vers huit ans donc, la personnalité des unes et des autres diverge et chacune prend un chemin différent.

Revenons en arrière. La plupart des enfants appréhendent le monde imaginaire de façon quasi uniforme. Rappelons-le : le monde de l'enfance reste encore magique ; les fées et les princesses existent dans beaucoup de civilisations, notamment dans la culture occidentale. L'univers des poupées et des bébés est aussi un standard partagé par de nombreuses fillettes de cinq à sept ans. La compagnie des animaux en peluche ou des animaux réels les passionne tout autant. On pourrait citer d'autres exemples que beaucoup ont en commun. Mais vers huit ans, lorsqu'ils grandissent et s'ouvrent plus au monde concret et réel qui les entoure, les enfants n'évoluent pas au même rythme. Certains sont confrontés plus brutalement à la réalité que d'autres (en raison d'un décès, d'un divorce, d'une maladie ou tout simplement parce que des grands frères et des grandes sœurs leur ouvrent la voie). D'autres, à l'inverse, sont épargnés par ces accidents de la vie et grandissent à un rythme plus lent, plus harmonieux.

Ces décalages dans le développement de chacune des fillettes, créent des divergences de compréhension face aux événements. Certaines veulent rester encore enfants et d'autres cherchent à grandir vite. Inévitablement, cela produit des décalages, des incompréhensions, des désaccords. Les fâcheries peuvent enfin commencer.

Conseils

Ne prenez pas la défense de votre enfant au point de devenir tout à la fois la confidente, l'avocate, la justicière et la psy. Vous risqueriez de retomber à l'époque où vous-même avez traversé ce conflit en amitié et de vous substituer à votre fille. Laissez-la vivre, même intensément, cette crise qu'elle devra surmonter pour évoluer, au risque d'en souffrir un peu.

Écoutez-la, mais sans excès. Apprenez-lui à patienter et à différer sa vengeance, car ses émotions trop vives l'empêchent d'y voir clair. Et surtout, ne réglez jamais un conflit dans l'urgence.

Dites-lui que vous aussi avez connu ces affres au même âge et que vous vous en êtes bien sortie. Toutes les fillettes passent par là et, en six mois ou un an, ces mauvais souvenirs auront disparu.

Frère et sœur dans une famille recomposée

« Xavier :
Depuis un an et demi, je vis avec une femme qui a un enfant de cinq ans. Bientôt, un deuxième enfant viendra agrandir la famille. Comment gérer cette nouvelle arrivée pour que tout se passe bien avec les deux enfants ? »

Si vous avez décidé que tout se passerait bien, alors... tout se passera bien. Si, au contraire, votre appréhension est débordante, vous risquez d'induire un climat familial compliqué et de vivre précisément ce que vous redoutez.

Prenons les choses par le début.

Vous formez un couple recomposé et votre femme a, de son côté, un enfant, âgé de cinq ans. Cet enfant voit sa mère très souvent et a donc pu suivre l'évolution de son ventre qui grossit. Il est conscient qu'il va avoir un frère ou une sœur. Il a compris que vous êtes le père de cet enfant. Mais il sait aussi qu'il a un papa qui n'est pas vous. Il assimilera petit à petit que les deux enfants ont la même mère, mais pas le même père. Beaucoup d'enfants sont, de nos jours, habitués à entendre et enregistrer ces subtilités, tant cette configuration familiale est commune.

Plus tard, il entendra le bébé vous appeler papa alors que lui-même vous appelle par votre prénom. Les enfants savent s'accommoder de tout cela.

Peu avant la naissance, il faudra préciser à ce garçon qu'il ne pourra pas jouer avec son frère ou sa sœur de sitôt, car le bébé ne saura ni parler ni marcher. Il dormira beaucoup et cela peut décevoir ce grand garçon de ne pas pouvoir profiter du nourrisson. Tournez cela en avantage : pendant ce temps où le bébé dort, vous ou votre femme pourrez faire beaucoup de choses avec le grand (exclusivité à deux, dialogue, jeux, sorties, câlins, etc.). Tout ce temps qui lui sera consacré (sans le bébé) constituera la base de la confiance dont il a besoin : rester toujours l'aîné de cette famille, être considéré comme un grand, mais bénéficier des câlins et des attentions que l'on doit à un enfant de cinq ans. Vous éviterez de lui dire : « Tu es grand maintenant », car c'est précisément ce qui fait peur aux enfants de cet âge. Il aurait alors le sentiment de devoir tout réussir comme un grand et qu'aucun échec ne serait toléré sous peine de vous décevoir et de perdre votre estime. Il pourrait ne plus se plaindre, demander peu de choses aux adultes occupés avec le petit, etc. En un mot, il risquerait de se replier et de vivre de manière inhibée pour éviter de vous déranger.

Conseils

Il faut donc veiller à s'intéresser au plus grand (sans le comparer au petit), lui montrer que, lui aussi, a un papa qui sait s'occuper de lui exclusivement. Proposez-lui d'afficher une photo de son père dans sa chambre, mettez-en une autre avec sa nouvelle famille au complet : lui, vous, sa maman et le bébé. Je vous propose, comme je l'ai déjà conseillé dans d'autres situations, de l'aider à se constituer un petit album de photos personnel. Offrez-lui un album tout simple et suggérez-lui d'y mettre les photos qui lui paraissent importantes : ses anniversaires, son papa, sa maman, son futur frère, ses grands-parents, sa journée au zoo, etc. Cet album photos constituera un peu sa carte d'identité avec les personnes et/ou les objets importants pour lui. Les enfants aiment bien feuilleter cet album photos lorsqu'ils sont tristes, se sentent incompris, sont jaloux ou frustrés de quelque chose ou par quelqu'un. Il leur permet de lire leurs racines et de se ressourcer auprès de ceux qui leur sont chers.

Elle ne dit plus « bonjour » aux gens

dès 4 ans

Sylvie :

« Ma fille ne veut jamais dire "bonjour" ni "au-revoir". Avant, je mettais cette attitude sur le compte de son jeune âge, mais, à quatre ans, ce comportement me semble anormal. Elle refuse même d'embrasser ses grands-parents ou ses copines. Pourtant, dès que les salutations sont faites, elle va vers les gens, leur parle ou joue même avec eux. Comment lui apprendre à être polie ? »

Dès que l'enfant a atteint l'âge de quatre ans, on peut dire qu'il a bâti le noyau à partir duquel sa personnalité future va se développer. En deux ans, il a su rassembler les diverses parcelles qui le composent pour en faire un tout, bien unifié et cohérent : l'affection, l'autonomie, l'autorité, la jalousie, l'identification à ses parents, tout ce dont il aura besoin pour construire sa personnalité et son caractère. Mais, à quatre ans, tout est encore neuf, fragile et délicat, ni tout à fait en place ni définitif. Il est encore trop jeune pour être sûr de lui et il n'est pas question qu'il se départisse de certaines des parcelles qui le composent. Il vient tout juste de « se faire ». Comprenez que si on lui demande de donner quelque chose de son intérieur, il se sente menacé. Ce qu'il vient de capitaliser pour se construire, il ne peut le donner sans risquer de se vider : un bisou, c'est un peu de lui-même et c'est déjà beaucoup pour lui.

En revanche, il est capable de donner à ses parents bisous et câlins puisqu'il a besoin d'eux et qu'il est assuré d'en être aimé, donc de récupérer l'affection qu'il leur témoignera. À l'inverse, il n'est pas sûr que ses voisins, ses copains et même ses grands-parents lui rendront ce qu'il va leur donner. À cet âge, donner de soi (un jouet, une peluche, un sourire, des bisous, un merci, etc.) peut représenter pour l'enfant une partie de sa richesse interne. Il n'est pas prêt à s'en séparer puisqu'il n'est pas sûr d'être entièrement complet : quatre ans, c'est l'âge de l'égoïsme par excellence. Nous devrions dire d'ailleurs, l'âge de l'égocentrisme, c'est-à-dire que l'enfant est centré sur son ego.

Conseils

On peut demander à l'enfant de faire un bisou à sa mamie. Mais il vaut mieux ne pas insister. Si un adulte peut comprendre que l'enfant est capricieux en ce moment, et avare de bisous, l'enfant, lui, ne peut pas admettre qu'on insiste ou qu'on l'oblige à embrasser les gens alors qu'il n'en a pas envie.

Dans les conseils que je donne, il est rare que je recommande de surprotéger les enfants, car je considère que c'est plutôt à eux de s'adapter aux parents et à leurs principes éducatifs. Mais, en l'occurrence, pour cette question des « bisous, bonjour ou merci », je pense que le jeu n'en vaut pas la chandelle. Ce que l'on gagnera en soumettant un enfant à ces obligations sociales ne sera pour lui qu'incompréhension. Il ne supportera pas que ses parents ne ressentent pas sa gêne. Il peut même le vivre comme une injustice. Tandis qu'on peut très bien dire aux adultes qui attendent ces attentions : « Ne le prenez pas mal, mais en ce moment, il est un peu sauvage et n'aime ni donner des bisous ni en recevoir. »

Votre enfant sera ravi d'être défendu de la sorte. Proposez-lui alors un compromis : envoyer des bisous par le souffle.

Ma fille mord

2-4 ans

Victoire :

« Ma fille Rose nous pose un vrai problème depuis qu'elle s'est mise à mordre les enfants de la crèche. Pourtant, elle aime beaucoup y aller, retrouve volontiers ses copains et copines, est très appréciée des puéricultrices et sourit toujours. Les parents des enfants se plaignent des morsures et je ne sais plus quoi faire. »

Un enfant qui mord n'est pas forcément un enfant agressif, c'est souvent même le contraire ! Les enfants agressifs tapent et poussent, mais mordent peu. Il s'agit donc d'autre chose.

Je comprends que votre fille a moins de trois ans, puisqu'elle est en crèche. Si elle avait été mal à l'aise ou en souffrance dans sa crèche, elle y serait allée avec réticence, ce qui n'est pas le cas. Nous avons donc une fillette plutôt joviale, qui aime ses camarades mais qui a un comportement déstabilisant parce qu'elle mord les autres. Tout ceci ne prouve pas qu'elle veuille faire mal mais plutôt que son comportement aboutit à faire mal.

Il est fort possible que votre fille pense communiquer quelque chose d'autre par ce geste de morsure. Elle n'est pas la seule à mordre ses camarades. D'autres enfants, comme elle, nous ont permis de comprendre ce qui se trame dans la tête des bambins de cet âge.

Quel parent, après le bain, n'a pas profité de ce moment pour dorloter son enfant et jouer à le mordiller gentiment lorsqu'il est tout nu ? Il nous est même arrivé de lui dire « Je vais te manger » en lui embrassant le ventre ou en faisant mine de le croquer comme un loup. Tous ces gestes sont bien sûr affectueux et les enfants aiment beaucoup ces petits moments qui deviennent des rituels.

Vers trois ans encore, il est fréquent de jouer au loup qui pourchasse l'enfant en prétendant le croquer tout cru. Les enfants raffolent de ces jeux, d'autant qu'ils sont en pleine phase d'angoisse de dévoration (peur naturelle d'être la proie d'un loup, d'un ogre, de tomber dans un trou et même d'être avalé par la cuvette des toilettes).

La bouche, la langue, les dents sont une zone que les enfants investissent beaucoup au début de leur vie. Souvenez-vous, il y a peu encore, tout passait par la bouche du bébé pour mieux s'emparer de l'objet et en repérer les contours.

Il est probable que votre fille retienne tous ces jeux et ces moments comme des attitudes affectives. Porter à la bouche est une manière d'englober l'autre, de l'enlacer, de l'avaler pour mieux l'apprécier. Souvent, le geste de morsure est dû à un débordement affectif intense et inattendu. Une seconde avant son geste, l'enfant ignore qu'il va mordre. Il est d'ailleurs souvent surpris lui-même par sa propre attitude. Il ressent un choc lorsque l'enfant mordu se met à crier ou à pleurer. C'est comme s'il se réveillait d'une absence.

Il n'est pas rare que le petit mordeur se mette à pleurer lui aussi, parce que tout le monde s'affole autour de la victime et qu'il ne saisit pas la portée de son geste malheureux. Pour autant, il faut sans cesse lui rappeler les règles : « On ne mord pas ! Tu dois te contrôler. Ce n'est peut-être pas méchant ce que tu as fait, mais ce n'est pas bien du tout. Tu as fait mal à ton copain. Ne recommence plus ! » Un enfant comprend parfaitement ce type de remontrance. Il faut être vigilant face à un enfant qui mord afin de l'arrêter juste avant et lui demander de dire ce qu'il veut exprimer ainsi, mais autrement qu'avec ses dents. Il faut l'aider en prononçant des mots à sa place pour qu'il apprenne à communiquer différemment.

Conseils !

On évitera de mordre l'enfant en retour au prétexte qu'il faut qu'il ressente ce qu'il a fait. À cet âge, il ne comprendrait pas qu'on lui fasse ce qu'on vient de lui interdire. Apprenez-lui à retourner voir sa victime et à s'excuser par un câlin ou un bisou ; mais restez vigilant, la récidive est tentante...

Il a des ennuis avec ses copains

dès 7 ans

Domitille:

« Mon fils de neuf ans revient souvent mécontent de l'école et critique beaucoup ses camarades. Il les trouve injustes, égoïstes, peu fiables. L'amitié semble compter énormément pour lui et il est malheureux lorsque cela se passe mal avec un copain. Comment l'aider? »

Entre six et onze ans, démarrent le temps des copains-copines et l'apprentissage des règles de la vie sociale et de l'amitié. À la clé, on découvre des émotions nouvelles: passions, déceptions, jalousie, agressivité, trahisons, mais surtout partage, concessions, respect des règles, fidélité, soutien, solidarité et secrets. Les enfants ne le savent pas, mais leur réseau social et amical commence dès le CP et durera longtemps, jusqu'à l'âge adulte, voire plus.

Première étape entre sept et neuf ans: les amitiés se nouent aussi vite qu'elles se dénouent. La « meilleure copine » devient en trois heures la pire des rivales, et ceux qui ont été évincés deviennent ceux qui éjectent l'autre du clan ou de la bande des fidèles. Pour une broutille, les fous rires se transforment en humiliation ou colère. Comme au jeu de la chaise musicale, la place de chacun dans le groupe peut être remise en cause d'un instant à l'autre. Une vraie préparation psychologique à l'amitié s'amorce !

À partir de neuf ou dix ans: virage. Dans leurs relations, les enfants passent à un autre registre, plus confidentiel, plus intime. Leurs amitiés se resserrent sur la « meilleure copine » d'école, le « meilleur copain » de sport, la « cousine préférée »... À cet âge, chaque enfant est alors aux prises avec un grand chantier intérieur. En effet, les difficultés de la vie (chômage, séparation des parents, sentiment d'être moins aimé que son frère, etc.) pèsent sur l'enfant qui ne sait pas comment se défendre face aux fléaux de la vie réelle et à la vie compliquée des adultes qu'il perçoit plus clairement qu'avant. Cette prise de conscience l'amène à consolider ses liens avec ses amis du moment. Une force rassurante émane de ces nouvelles amitiés. Mais il arrive aussi que la fidélité vienne à manquer: « Elle ne m'a pas invitée à son anniversaire! », « Il m'a dit: tu ne joues pas avec nous aujourd'hui, sors du terrain ». C'est cela aussi la vraie souffrance des enfants à cet âge spécifique.

L'estime de soi vient de celle que l'entourage nous accorde; si cette estime est faible ou fait défaut, l'enfant en conclut qu'il est nul. À force de s'entendre dire qu'il est « rapporteur, commandeur, gros patapouf, imbécile », etc., l'enfant y croit et ce peut être destructeur. Les parents doivent alors intervenir pour le rassurer quant à ses qualités, lui dire qu'il est aimé; il faudra lui réaffirmer la fierté que vous lui accordez, le défendre surtout et ne jamais banaliser ses plaintes. Protégez votre enfant en allant voir le directeur d'école qui saura régler le différend entre les enfants. Informez aussi l'institutrice de sa classe et enfin, si cela ne suffit pas, rencontrez les parents des enfants qui le tourmentent. Lorsque des adultes intelligents s'en mêlent, il est rare que les problèmes perdurent.

On peut également demander à instaurer le système de tutorat que bon nombre d'écoles ont déjà adopté. Il s'agit d'enfants de CM1 ou de CM2 qui se chargent, si besoin est, de protéger les plus faibles de CP, CE1 des attaques et des humiliations de leurs camarades. Les volontaires choisiront des petits qu'ils chaperonneront durant toute l'année. C'est un peu ce qui se fait lorsqu'une grande sœur est encore dans la même école que son petit frère.

En fonction de son âge, parlez au vôtre de la soumission de certains enfants à l'autorité d'autres camarades, de la force de persuasion du groupe et de la bande sur les plus influençables. On a vu des enfants accepter, malgré eux, de se soumettre à des jeux absurdes et dangereux: jeu du foulard, jeu de la canette, etc. Il faut lui dire qu'on peut et qu'on doit refuser de participer. Engagez-le à vous parler de ces pratiques à son retour d'école. Vous le protégerez en dénonçant à sa place ceux qui l'obligent à se joindre à eux.

Il arrive qu'un enfant traverse une période de fragilité psychologique : séparation des parents, hospitalisation, deuil, départ de la maison d'un grand frère, etc. Dans ces moments spécifiques, l'enfant a l'impression que ses soucis personnels se voient. J'appelle cet état « le complexe de transparence ». L'enfant, affaibli, est prêt à accepter l'inacceptable.

Conseils

Pour affronter tous ces conflits, je propose d'aider l'enfant à retrouver confiance en lui grâce à de petits jeux de rôles dans lesquels il tiendra tantôt son rôle de victime, tantôt celui des camarades qui l'importunent. En testant ces deux positions, l'enfant percevra plus clairement celle qu'il adoptera face à ses adversaires.

Si, malgré vos efforts, il ne s'en sort pas, parlez-en à l'enseignant qui saura s'y prendre. Vous pouvez aussi opter pour quelques séances chez un psychologue pratiquant le psychodrame. Cette technique est parfaitement adaptée aux problèmes relationnels entre enfants.

Il est trop généreux

dès 4 ans

> « **Brigitte :**
>
> Mon Adrien, cinq ans, est trop généreux. Il donne à ses camarades, cousins et voisins tout ce qui lui appartient, au point même d'offrir son goûter, ses voitures neuves, etc. Mais il ne nous dit pas tout ; et depuis qu'il sait que nous le grondons pour ce comportement, des objets de sa chambre disparaissent (petits jouets et babioles). Que peut cacher cette attitude et comment y remédier ? »

Les enfants sont toujours en quête d'affection laquelle, vient d'abord des parents, bien sûr. Mais il se peut que l'enfant ait besoin de conforter l'estime de soi en allant chercher à l'extérieur du foyer la considération et la reconnaissance dont il a besoin pour s'affirmer. Dans le cas d'une fratrie où l'un des frères aurait une personnalité affirmée, il n'est pas rare que l'autre frère cherche auprès de ses camarades soutien et amitié.

Pour cela, il ne sait pas faire autrement que de donner une parcelle de lui, un bout de lui-même, une partie de son capital. Et la richesse des enfants tient dans les jeux et jouets qu'ils possèdent.

Il est vrai que les parents sont ravis de constater que leur enfant est généreux. Lorsqu'il lui arrive de vous donner la moitié de son biscuit, de vous demander de faire un bisou à son doudou ou lorsqu'il met dans votre bouche ses pop-corn ou un bonbon qu'il tire de sa poche, cela vous fait plaisir et témoigne que votre enfant aime donner.

En revanche, l'excès de générosité est peut-être à rapprocher d'un manque de confiance en soi. Il est probable que votre fils cherche à séduire ses camarades en les attirant à lui par des tentations alléchantes. Il ne semble pas très attaché aux objets mais plutôt à l'estime et l'amitié qu'on peut lui porter. En ce sens, il est plus sentimental que matérialiste. Cependant, il faut veiller à lui redonner la confiance dont il a besoin pour aborder les relations sociales qui l'attendent, de façon encore ténue, dès le CP.

Conseils

Son père devrait lui consacrer un temps régulier, de manière rituelle, tous les week-ends (sport, bricolage, jeux de société) au cours duquel l'enfant apprendra à confier ses joies et ses peines. Peut-être découvrirez-vous le motif de sa quête affective envers ses camarades.

La pratique d'un sport de combat (judo) peut aussi être bénéfique.

Favorisez chez lui toutes les formes d'humour possibles (blagues, dessins rigolos, pitreries, imitations). Si l'enfant sait extérioriser ses sentiments et s'il devient blagueur, ces qualités l'aideront à varier les formes de séduction et il attirera ses camarades autrement que par ses cadeaux.

Partout, il est la « tête de turc »

dès 6 ans

Alix :

« Depuis le CM2, Bastien a subi la violence de ses camarades sans parvenir à faire face aux coups et aux humiliations. Cette année, dès la rentrée en 6e, un enfant agressif l'a pris pour cible. Comment l'aider à sortir de son rôle de victime? »

Il est malheureusement fréquent que des enfants n'osent pas révéler qu'ils sont victimes (en classe ou en récréation) de sévices ou de brimades de la part de leurs camarades. Certains se font traiter de minus, de gros balourd, de nain, ou sont affublés d'un surnom humiliant. D'autres reçoivent même des coups et n'en parlent pas spontanément.

Cela nous prouve combien la confiance et le dialogue dans la famille sont essentiels. On a entendu un enfant victime dire : « Je ne suis pas un traître, je ne dirai rien » - rompre le silence, c'est s'exposer aux représailles.

En revanche, dès qu'il ose se plaindre, il faut agir et ne pas le laisser souffrir plus longtemps ; il faut le convaincre qu'il y a forcément une solution. Lui ne l'entrevoit peut-être pas, mais à présent qu'il a parlé du problème, il n'est plus seul et cela devrait le rassurer. Il existe une démarche très précise à respecter pour protéger votre enfant et faire en sorte que cela ne se reproduise plus jamais. J'expliquerai ce processus plus bas.

On peut aussi s'interroger sur le fait que certains enfants ne parviennent pas à se faire respecter : un frère aîné dominateur et envahissant ? Une sœur, bonne élève et brillante dans tous les domaines ? L'absence d'un père et donc de modèle à admirer et de rempart protecteur ? Paradoxalement aussi, certains enfants trouvent un bénéfice particulier dans la victimisation. Il faut très tôt mettre fin à ce statut recherché de bouc émissaire et tenter de comprendre quel profit malsain l'enfant y trouve. La raison principale en est généralement le manque de confiance qu'il s'accorde à lui-même.

J'ai entendu une institutrice dire que, par souci « d'éthique » envers le groupe, un enfant victime n'avait pas voulu dénoncer ses agresseurs ! Bien au contraire, c'est lorsqu'on ne dénonce pas le coupable que l'on va à l'encontre de l'éthique. Il faut absolument déculpabiliser l'enfant victime au lieu de l'enfermer dans cette fausse dignité de la « loi du silence ».

Alors que faire ?

En premier lieu, rassurez votre enfant : vous voulez et vous allez le protéger, c'est votre rôle, cela fait partie des devoirs de parent... Il n'y a rien à y redire !

Ensuite, voyez son enseignant pour l'informer et lui demander conseil.

Éventuellement, il faudra aussi en parler au directeur d'établissement qui représente l'autorité.

Si rien n'est résolu et si votre enfant se sent toujours incompris, il faudra prendre le taureau par les cornes et vous déplacer vous-même.

Mais auparavant, à travers des jeux de rôles, on entraînera l'enfant à se défendre, à riposter, à déjouer l'agressivité ou les brimades des autres. Par exemple, on peut lui apprendre à dire cette phrase : « Madame, qui dois-je aller voir pour qu'on me défende ? » Cet appel est tellement insolite dans la bouche d'un enfant que tout adulte (enseignant, surveillant de récréation ou de cantine) se sentira interpellé et devinera que l'enfant – puisqu'il répète une expression d'adulte – est soutenu par les paroles de ses parents. La réaction sera immédiate et l'enfant sera défendu.

Ensuite, on joue une scène vraisemblable au cours de laquelle l'enfant se fait chahuter et on lui apprend à trouver la répartie efficace. On répète la scène jusqu'à ce qu'il se sente plus sûr de lui.

Si tout cela ne suffit pas, déplacez-vous à l'école un matin, prévenez le directeur que vous venez parler à l'enfant qui fait souffrir le vôtre. Il faut souhaiter que le parent de l'agresseur soit là pour avoir une explication entre adultes. Sinon, pensez toujours à vous accroupir pour être au niveau des yeux de l'enfant à gronder. Expliquez les faits et laissez-lui ensuite donner sa version. Puis, sans le corriger verbalement, faites-lui comprendre que ses agissements sont intolérables. Dites-lui que vous serez toujours là si lui ou d'autres persévéraient dans leur attitude. Enfin, annoncez-lui qu'à la prochaine incartade, vous irez voir ses parents.

Pour terminer, demandez-lui de reconnaître les faits, de s'excuser auprès de votre enfant et, en guise de réparation, faites-leur se serrer la main ou se taper sur l'épaule, ou se faire la bise s'il s'agit de deux filles, pour mettre un terme définitif à ces histoires.

Vous pouvez même terminer en leur demandant, à tous deux, de défendre, à leur tour, les autres enfants qui se feraient agresser.

Conseils

Le principe à retenir en cas d'agression ou d'humiliation quelle qu'elle soit repose sur trois points essentiels : reconnaissance des torts, excuses et enfin, réparation envers la victime.

Nous partons vivre à l'étranger

Anne :

« Mon mari vient d'être muté… en Corée du Sud ! Il ne peut refuser une telle opportunité car ce sera un "tremplin" pour un poste de direction à son retour en France. Nous devrons y vivre quatre ans. Quelles peuvent être les conséquences pour nos enfants de huit, six et deux ans ? »

De nos jours, l'expatriation n'est plus aussi pénible qu'il y a vingt ans encore. Les grandes compagnies qui envoient des familles à l'autre bout du monde offrent des conseils et un service spécialisé pour ce type d'expérience. Une organisation avant et après le départ permet de s'y préparer au mieux.

Une école française existe à Séoul et l'Association des Français se destinant à l'expatriation est là pour vous accueillir. Le site www.femmexpat.com regorge d'informations et d'astuces permettant d'éviter des écueils inutiles.

Les enfants s'adaptent parfaitement à de tels changements dès lors que les parents eux-mêmes les y incitent. Il est évident que si vous dépréciez ce pays, ses us et coutumes, sa mentalité, vous risquez de leur faire désinvestir cette expérience exceptionnelle.

Aucun désagrément n'est prévisible avant le départ. Le développement psychologique des enfants ne peut en définitive être troublé que si les parents donnent un caractère péjoratif à ce projet. Essayez, autant que faire se peut, de donner un sens positif à cette expatriation et faites évoluer les inconvénients en avantages.

Les premiers désagréments passés, apprenez à vos enfants à repérer le mode de vie des Coréens : langue, mentalité, culture, religion, fêtes, etc. Tentez, par tous les moyens, de leur faire rencontrer des enfants coréens de leur âge. Devenus amis, ils pourront s'inviter réciproquement dans leurs foyers et apprendront à expliquer leurs modes de vie en France et en Corée. Vos enfants s'enrichiront d'une expérience exceptionnelle qui les ouvrira sur la tolérance et la relativité des mentalités.

Conseils

Optez pour l'écriture de votre « Histoire en Corée du Sud » en relatant dans un grand livre blanc, réservé à cet effet, vos impressions, sentiments et expériences des plus communes aux plus drôles ou excentriques. Convenez d'un rendez-vous hebdomadaire rituel, par exemple chaque dimanche soir, au cours duquel tous les membres de la famille participeront par leurs anecdotes, photos, dessins, etc., à l'écriture d'une tranche d'histoire de la famille.

Enfin, avant de vous expatrier, faites en sorte que vos deux aînés gardent le contact avec certains camarades de leur école actuelle par le biais d'Internet. Préparez les grands-parents (et cousins, cousines) aux joies de la Webcam pour rester en relation.

Il ne me reste plus qu'à vous souhaiter : « *Anyonggi Keseyo* » (Partez en paix).

Soucis, crises et angoisses

Savoir décoder les pleurs de Bébé

> **Caroline :**
>
> « Je suis une jeune maman. Les pleurs de mon bébé de trois mois diffèrent selon qu'il a faim ou qu'il veut dormir. Mais on ne comprend pas toujours les raisons pour lesquelles un nourrisson pleure. Comment font les autres mères ? »

Dès ses premiers jours de vie, un enfant pleure. Ses cris augmentent en intensité jusqu'à l'âge de trois mois, puis diminuent progressivement pour réapparaître, mais différemment, vers dix-huit mois, à l'âge des caprices.

En pleurant, Bébé lance un signal que les parents apprennent à décoder. Pour y répondre d'une manière adéquate, seules l'habitude et l'écoute attentive les amèneront à distinguer les pleurs d'appel de ceux de la faim ou de toute autre demande. Les parents rassurés – et assurés de leurs compétences – seront alors plus apaisants pour l'enfant qui se calmera. Pleurer n'est pas forcément un signe de détresse ou de douleur, c'est même souvent le contraire : l'enfant communique avec les moyens dont il dispose. D'ailleurs, un bébé vraiment malade ne crie pas. On se méfierait presque d'un enfant trop sage.

Quant aux fameux « pleurs-caprices », ils n'apparaissent qu'au-delà de trois mois chez le nourrisson, pas avant. Après dix à quinze minutes de pleurs, au maximum, il est préférable d'aller le calmer. De plus, ses cris et ses pleurs entretiennent son énervement. Quelquefois, l'enfant appelle tout simplement pour sentir une présence et une caresse ou entendre une parole douce. D'autres fois, il attend d'être porté et dans ce cas, le porte-bébé ventral est idéal, même à la maison.

Les pleurs du soir : ils apparaissent quotidiennement, aux mêmes heures, et durent entre quinze minutes et deux heures selon les enfants. Ils sont assez fréquents chez les nourrissons jusqu'à trois ou quatre mois, puis cessent subitement.

Un bébé, qui a reçu dans la journée quantité de stimulations, de sollicitations et d'excitations diverses, accumule en lui une tension naturelle. Il y réagit en l'extériorisant par des pleurs, des cris et une agitation motrice. Voici l'origine de ces crises du soir.

Le porter dans les bras à la maison, ou le promener dans sa poussette à l'extérieur, sont les rares moments d'apaisement que l'on peut lui apporter. La mère peut aussi s'allonger et garder bébé tout contre elle, pour qu'il retrouve chaleur, odeur et bercements de Maman : des repères qu'il connaît et le rassurent. Si rien ne l'apaise, il faut se déculpabiliser et laisser place aux pleurs pour qu'il puisse sentir aussi qu'il a le droit de s'exprimer dans le seul registre qu'il connaît.

Les pleurs de la nuit : dès la sortie de la maternité, il est rare de pouvoir passer une nuit de sommeil, sans être réveillé par le bébé. Changes et tétées de nuit sont le lot de tout nouveau-né, jusqu'à six semaines au mieux et quatre mois ou plus pour d'autres.

Les maux intestinaux et troubles digestifs - quasiment absents en cas d'allaitement (brefs cris chevrotants, espacés et répétitifs) : les régurgitations acides peuvent être atténuées par l'ajout d'un épaississant dans son biberon (demandez l'avis du pédiatre). Un léger massage de l'abdomen permet aux gaz intestinaux d'être évacués et soulage l'enfant. Dès que le bébé acquiert une certaine mobilité, grâce aux mouvements, il parvient à calmer les douleurs de ces coliques.

Les sanglots dus à une maladie (longues plaintes à voix basse, se terminant par un gémissement) : fièvre, diarrhée, vomissement, otite, poussée dentaire, etc. Au-delà des premiers soins des parents, seuls les conseils d'un médecin sont rassurants.

Les désagréments (gêne notoire associée à des grimaces de malaise et des pleurs désordonnés) : l'enfant a trop chaud, a besoin d'être changé. Bien que non rassasié, il refuse de se nourrir : il cherche à faire son rot.

Il détourne la tête du mamelon ou de la tétine : soit il est bien repu, soit il demande à faire son rot avant de continuer sa tétée.

La fatigue et le sommeil (il a les yeux rouges et les frotte, tourne la tête brusquement de droite à gauche comme pour se retourner) : Bébé cherche le repos. L'excès de stimulations, même agréables, le fatigue intensément. Prévoyez un lieu calme et bien ventilé pour son sommeil, quitte à déplacer son berceau d'une pièce à l'autre.

La faim (cris et pleurs, sans larmes durant le premier mois, survenant inopinément) : l'intervalle de temps entre les repas aide les parents à reconnaître le cri de la faim, à un quart d'heure ou une demi-heure près. Si Bébé se met à téter votre petit doigt, c'est qu'il a faim.

Il fait sa voix et se fait à sa voix : dès que Bébé gazouille, il se plaît à faire des vocalises, en criant même quelquefois. Il s'amuse à découvrir les effets que cela produit à ses oreilles et à celles de ses parents. Donc crier ne veut pas toujours dire souffrir.

Conseils

La culpabilité des parents perturbe la compréhension d'un pleur.

Lorsqu'un parent est angoissé à cause d'un pleur inexpliqué, son enfant, lui, ne l'est pas forcément.

À moins d'être pédiatre, puéricultrice ou déjà mère, il est rare de pouvoir bien décoder un pleur sans hésiter quelque peu.

Présenter son enfant aux voisins leur permet de mieux supporter ses pleurs gênants.

Apprendre à se faire relayer par son conjoint, un parent, une voisine, pour « souffler » un peu.

Mais surtout, intégrer que des parents idéaux, qui savent comprendre et calmer instantanément leur enfant, ça n'existe pas. Cela se saurait ! Tout s'apprend, alors... Patience !

Elle a peur de me quitter

3-6 ans

Valérie :

« Depuis quelques semaines, Charlotte qui est en petite section de maternelle est terrorisée à l'idée d'aller à l'école. Elle pleure, hurle et s'agrippe à moi pour que je ne quitte pas sa classe. Pourtant, la maîtresse est adorable. Qu'est-ce qui se cache là-dessous ? »

Cette situation est très fréquente et témoigne d'une angoisse de l'enfant de quitter le parent qui le protège et le rassure. Il se sent alors vulnérable. Cependant, pour devenir autonome, l'enfant doit affronter cette épreuve de la séparation… durant la journée. De surcroît, l'école, qui n'est pas une garderie, impose des règles, des contraintes et pose des limites à l'enfant qui doit s'y conformer peu à peu. Ce dernier a souvent peur de ne pas réussir face à sa maîtresse et à ses camarades, ce qui génère en lui une anxiété légitime. La timidité, l'émulation sont des épreuves délicates à franchir pour certains. Enfin, l'absence de maternage rend plus difficiles les journées longues qu'il doit affronter seul ; en revanche, elle favorise sa socialisation et son autonomie. D'autres facteurs entrent également en jeu :

- Quelle perception de l'école les parents transmettent-ils à leur enfant ? Ont-ils eux-mêmes de bons souvenirs de leur propre scolarité ? Quelle idée l'enfant se fait-il de l'école au travers de ce que lui en disent ses parents ?

- Se séparer pour quelques heures ne signifie pas se séparer pour toujours. Là encore, certains parents qui ont du mal à se détacher de leur enfant induisent une anxiété qui lui fait redouter la séparation.

- Il est important de dire à l'enfant ce que le parent va faire pendant qu'il est en classe : « Je vais aller travailler » ; « Je vais sortir faire des courses puis rentrer à la maison » ; « Je vais m'occuper de ta petite sœur », etc.

L'enfant a besoin de se représenter les occupations de ses parents lorsqu'ils sont loin de lui. C'est aussi par ce biais qu'il assimilera qu'il est normal de se séparer... momentanément.

- Il faut aussi lui vanter les mérites de l'école: « On y apprend plein de choses intéressantes, on joue, on est avec ses camarades », etc.

- Lui indiquer aussi que la vie ne tourne pas seulement autour de Papa et de Maman et qu'il trouvera beaucoup d'intérêt à connaître d'autres personnes, grandes et petites, qui ne sont pas de sa famille. C'est ainsi qu'on se fait des amis. Parler du plaisir que vous avez à le retrouver après une journée de travail.

- Les aspirations trop grandes de certains parents quant aux résultats scolaires peuvent écraser les enfants dès le CP; il faut le savoir.

Conseils

Votre implication active dans la vie de l'école rassurera d'autant plus votre enfant qu'il saura que vous participez à des réunions de parents d'élèves, aidez à l'organisation des fêtes, accompagnez certaines sorties, sollicitez la maîtresse dès que c'est nécessaire, etc. Au moment du coucher, instituez un petit rituel. Demandez-lui de vous raconter une chose difficile qu'il a subie au cours de sa journée et une chose plutôt sympathique. Cela marquera votre intérêt pour son monde scolaire et lui donnera l'occasion de se confier, ce qui soulage toujours. Si ce besoin de parler un peu de soi s'installe aisément comme un rituel, il est fort probable qu'il perdure au moment où votre enfant abordera l'adolescence. Soyons prévoyants.

Il se montre « despote » avec moi

3-6 ans

Aurélie :

« Damien, cinq ans, devient un vrai despote. Il est désobéissant, pique des colères terribles et se roule par terre, jette ou casse ses jouets. Il lève même la main sur moi si je le gronde. En revanche, il est charmant avec sa petite sœur qu'il aime et qu'il câline. Face à son père, il évite de faire le fanfaron. Pourquoi ce double caractère ? »

Votre fils a le profil typique de l'enfant en pleine phase de complexe d'Œdipe. Comme beaucoup de garçons, il exige de sa mère qu'elle réalise tous ses souhaits et ne supporte pas d'être contrarié.

Ce caractère temporaire de « mini-commandant » ne veut pas dire qu'il persistera.

À cet âge, différents stades du développement psychologique de l'enfant se superposent :

- La phase dite d'opposition systématique qui perdure.

- Le complexe d'Œdipe qui rend le garçon exclusif envers sa mère.

- L'absence du père durant la journée qui lui laisse le champ libre pour s'exercer à l'autorité.

- La demande incessante de repousser les limites fixées.

- Le sadisme naturel des enfants de cet âge qui libère son agressivité.

- Le manque de maturité qui signe sa difficulté à supporter la frustration (surtout lorsqu'il est puni).

Conseils

Prévenez votre fils, si vous êtes trop occupée ou stressée, pour qu'il n'en rajoute pas.

Demandez au père, en votre présence, de lui refixer les limites.

Apprenez à repérer l'état d'excitation qui le fait basculer vers la colère et tentez de désamorcer ce moment par diverses attitudes : dialogue, humour, diversion.

S'il fait une grosse colère, demandez-lui de quitter la pièce où vous vous trouvez. Cette punition est censée le priver de votre présence, source essentielle de son conflit interne.

Une fois la colère passée, faites une mise au point avec lui. Rappelez-lui comment sa crise s'est enclenchée et détaillez les séquences de son énervement. Les enfants colériques aiment entendre les parents leur rappeler les faits, parce qu'eux-mêmes les ont volontiers oubliés. C'est en vous écoutant relater leur crise qu'ils prennent conscience de ce qu'ils engagent comme tristesse et déception auprès des parents et cela les atteint malgré tout et les fait avancer… un peu.

Bientôt une petite sœur

2 ans

Leïla :

« Zinedine (deux ans et demi) va bientôt avoir une petite sœur. Quand on le lui a annoncé il était ravi ; mais a-t-il bien compris ? Nous avons des amis dont le fils a dit, trois semaines après l'accouchement : "On jette le bébé à la poubelle." Comment lui faire comprendre qu'on devra beaucoup s'occuper du bébé mais qu'on l'aime énormément ? On a peur qu'il devienne jaloux. »

Il est normal de vouloir agrandir une famille et il est normal qu'un enfant soit jaloux. La jalousie fraternelle est un sentiment naturel et sain. Plongeons au cœur de ce processus.

Comme vous l'indiquez, votre fils a entre deux ans et quatre ans. Durant cette période, l'enfant bâtit le noyau qui va constituer, plus tard, sa personnalité. Ce travail, invisible, l'occupe tout au long de ses journées. Si un élément imprévu vient déranger le cours de cette construction, l'enfant est perturbé. La grossesse de sa mère peut être un élément déstabilisant. Il voit bien que sa maman est moins disponible pour lui, le porte moins dans ses bras ; il la sent fatiguée, parfois irascible, elle joue un peu moins avec lui, etc. À l'inverse, il remarque que les parents compensent déjà en le cajolant plus, lui parlent de ce frère ou de cette sœur comme d'un futur compagnon de jeu, l'entourent plus qu'à l'accoutumée et le gâtent anormalement. L'enfant perçoit très bien qu'on lui prépare « une surprise inquiétante ». C'est dans cet état de d'agitation qu'il apparaît alors grognon, capricieux, désobéissant ou, au contraire, très câlin et docile, comme pour ne pas faire de vagues et espérer rester dans le bateau qui traverse une tempête.

L'enfant n'a pas tort, il devine que les parents seront moins disponibles, quand bien même ils aimeront les deux enfants. En effet, la journée n'a que vingt-quatre heures et un bébé exige beaucoup de temps et de soins. C'est bien une partie de ce temps qui lui manquera d'ici peu.

Conseils

Plutôt que de dire : « Tu vas avoir un frère », préférez : « On va avoir un nouveau bébé, Maman et moi. Ce sera ton frère. » On lui indique ainsi que ce sont les parents qui ont fait ce choix et non lui, même s'il était éventuellement demandeur.

Prévenez-le qu'au début, un bébé ne bouge pas et ne parle pas. Il ne pourra pas prétendre jouer avec lui avant un certain temps.

Profitez du sommeil de Bébé pour passer du temps avec l'aîné.

Enfin, dites-lui que vous pensez qu'ils s'entendront bien plus tard, mais que s'il n'apprécie pas trop sa venue, ce n'est pas si grave. Il prendra le temps de le connaître et de l'aimer petit à petit. De la sorte, les sentiments hostiles qu'il pourrait développer envers son frère n'auront pas à être déguisés. Ajoutez : « Il ne faudra pas lui faire de mal, c'est fragile un bébé. » Profitez-en pour lui montrer SON album photos, quand lui-même était un bébé.

Mon bébé pleure toujours à la même heure

dès 2 mois

« **Adèle :**

Mon bébé de cinq mois pleure tous les soirs sans que je sache pourquoi. Il est baigné, a bien pris son biberon et je l'ai dorloté et câliné, mais une fois dans son berceau, il pleure et je ne sais pas comment le calmer. Ça m'inquiète. Est-ce normal ? »

Le bébé est soumis, toute la journée, à de multiples stimulations et sollicitations qui provoquent une tension. Le bruit, la lumière, les déplacements, la faim, la recherche de sommeil, les frères et sœurs qui l'excitent parfois ou l'agacent, le bain, les soins en tout genre, tout cela le fatigue. En fin de journée, ces tensions s'accumulent et ne demandent qu'à s'extérioriser pour soulager le bébé. La seule façon qu'ont les tout-petits de dire ce qui ne va pas et de décharger ces pressions est encore de crier et de pleurer. Il est vrai qu'ils ne peuvent pas trop se mouvoir et qu'ils ne sont pas encore autonomes. D'où la régularité de ces moments très pénibles pour les parents.

Conseils

Adèle, j'aimerais vous rassurer en vous disant qu'il n'y a rien à faire. Une fois que votre enfant est baigné, a bien mangé, a été dorloté et qu'il ne souffre de rien, dites-vous qu'il cherche un moment d'apaisement à travers ses cris et ses larmes. Il faut apprendre à ne pouvoir être « à tout prix » apaisant pour son enfant. On peut essayer de le bercer dans les bras ou de le porter tout contre soi grâce au porte-bébé kangourou. Mais attention, n'en devenez pas esclave et apprenez-lui à supporter de rester un peu seul aussi.

« Je ne veux plus aller à la danse ! »

4 ans

Clara :

« Voilà ce que m'a répondu ma fille de six ans, deux mois après le début de ses cours. Son frère en avait fait autant avec le judo. Est-ce fréquent? Dois-je insister pour qu'elle y retourne? »

Il n'est pas rare que les enfants deviennent réfractaires aux activités culturelles et sportives après plusieurs mois de pratique, parfois même quelques semaines. Il faut, bien sûr, arriver à déterminer s'il s'agit d'un simple caprice du moment ou si c'est l'activité elle-même qui devient moins captivante pour l'enfant.

Une petite chamaillerie, une moquerie entre enfants peut rapidement donner lieu à une démission du genre « Je ne veux plus aller à la danse ». Une vexation venant du professeur ou d'un entraîneur sportif peut aussi décourager pour longtemps un enfant susceptible ou timide. Il arrive aussi que l'intensité des entraînements, la trop forte motivation d'un entraîneur, use le plaisir qu'un enfant avait au départ. Parfois, c'est la représentation publique du spectacle de fin d'année qui fait peur à certains. S'exposer devant tout un public de parents, commettre une erreur vis-à-vis de la troupe sur scène peut rendre anxieux et la formule « Je ne veux plus aller à la danse » sert alors de bouclier.

Enfin, bon nombre de jeunes enfants sont timides ou peu courageux face à l'effort. Or, c'est dès le plus jeune âge qu'il faut apprendre à un enfant à ne pas se décourager et, au contraire, à persévérer. Lors d'une performance, l'échec précède souvent la réussite.

Mais il arrive parfois que le parent, lui-même, induise ce désintérêt chez l'enfant. Les contraintes d'accompagnement aux activités, les tournois et les répétitions auxquels il faut se rendre en plus des cours, les frères et sœurs dont on ne peut s'occuper pendant ce temps d'indisponibilité, les doutes qu'on lit sur le visage de l'enfant avant de se rendre au cours, la durée des entraînements qui empêchent certains écoliers de terminer leurs devoirs, etc. Tout cela peut inciter des parents à « comprendre » un peu trop vite que leur enfant veuille cesser telle ou telle activité. Ne vous inquiétez pas : l'enfant aura tôt fait de repérer votre propre découragement et saura y répondre en écho.

Conseils

Faites parler votre enfant et essayez de comprendre ce qui a motivé son désintérêt. Rassurez-le sur ses compétences et aussi sur le fait que cette activité est ludique, qu'elle est une détente qui n'est pas notée. Il n'y a donc aucun enjeu majeur à la pratiquer. Si c'est le spectacle ou la compétition de fin d'année qui l'inquiète, parlez-en avec le responsable de l'activité. Il saura trouver les mots pour soutenir et encourager le travail de l'enfant. Et si, après plusieurs semaines, ce dernier « traîne toujours les pieds », dites-vous qu'il sait peut-être de quoi il préfère se priver. Faites-lui confiance, il cessera son activité pour la reprendre, peut-être, éventuellement l'année suivante.

Sans le culpabiliser, dites-lui que vous avez dû payer d'avance le trimestre ou l'année en cours et que cela n'est donc pas gratuit. Montrez-lui l'intérêt culturel ou ludique de son activité, les bienfaits sur le corps, la détente qu'il en tirera, le temps durant lequel il s'éloignera de ses frères et sœurs, les camarades nouveaux qu'il y rencontrera, la finalité d'un spectacle ou d'une compétition qui clôturera l'année et qui donne un but et une motivation. Tout cela lui montrera que dans tout projet, il y a un début, un développement et une fin. Son activité a débuté, il lui faut la prolonger et atteindre la finalité. Posez alors une échéance qui consisterait à terminer au moins le trimestre.

Astuce : mieux vaut anticiper. En fin d'année scolaire, rendez visite aux ateliers de théâtre, danse ou musique, allez voir le club de foot le plus proche ou le cours de judo pour que votre enfant repère l'ambiance du cours, l'engouement des enfants déjà inscrits, l'effort à fournir. Cela lui donnera envie de s'y voir à la rentrée prochaine ou non. Optez pour plusieurs activités à repérer et, pendant les vacances, abordez à nouveau le sujet pour l'aider à faire son choix à la rentrée.

Elle ne veut pas retourner à l'école

3 ans

Diane :

« Je suis mère célibataire et j'avais fait un déni de grossesse (j'ai “appris” que j'étais enceinte à seulement sept mois). Les deux premières années se sont bien passées : enfant souriante et facile. Mais depuis sa rentrée en maternelle, ma fille dort mal et pleure souvent. Il est vrai qu'on a une relation trop fusionnelle. À l'école, elle a été confrontée aux poux et on a dû l'exclure momentanément. À la suite de cela, elle ne veut plus retourner à l'école et ne peut plus me quitter. Que dois-je faire ? »

On ne peut affirmer que le déni de grossesse, que vous mentionnez dans votre question, ait pu favoriser ce qui arrive à votre fille. Franchement, je ne le pense pas. Voyons cela.

À cet âge, trois ans, l'angoisse de l'abandon à laquelle tout enfant est normalement confronté un jour, plonge les enfants dans la peur de ne plus revoir leurs parents. Plusieurs situations peuvent faire naître cette angoisse. L'exemple typique est un retard pour venir récupérer l'enfant à l'école ou lors d'un anniversaire, un départ mal préparé pour une colonie de vacances ou une classe de nature, un séjour qui se passe mal chez Papi et Mamie. Mais l'exemple le plus redouté est celui de l'enfant qu'on a perdu dans la rue ou dans un grand magasin, pendant quelques minutes. Dans l'esprit de l'enfant, avec son imagination fertile, ces minutes deviennent des heures. Tout peut être prétexte à redouter que les parents ne viennent plus vous rechercher. Et c'est la panique ! Ou mieux, le déclencheur d'autres inquiétudes ou angoisses. Dans ce cas, l'éloignement des parents est vécu comme un danger potentiel de ne plus les revoir.

On peut souligner que grâce à cette angoisse, l'enfant reste bien près, je devrais même dire, collé aux parents. Parfois, cela vaut mieux.

Cette angoisse de l'abandon atteste que l'enfant reconnaît ne rien pouvoir faire sans ses parents. Sans eux, il ne peut vivre. C'est à partir de pareils moments terribles que d'autres peurs naîtront plus tard. Toutes ou presque sont à rapprocher de celle, primaire, qu'il a alors vécue vers trois ou quatre ans. Peur de se sentir loin de sa mère, de son père.

Lorsque le père est absent, pour diverses raisons, la peur est plus prégnante.

Ici, c'est l'exclusion de l'école, due aux poux, qui est le déclencheur de cette phase quasi obligatoire dans l'organisation de la personnalité de l'enfant.

Conseils

Il faut rassurer l'enfant, lui dire qu'il n'y a pas de raison pour qu'on le perde et éviter de trop s'éloigner, lorsqu'il est dans un lieu inconnu.

L'attitude des parents, en pareil cas, est primordiale. Il s'agit de montrer à l'enfant qu'on ne veut évidemment pas le perdre et qu'on veillera sur lui parce qu'on tient à lui. Il faut que l'enfant se sente aimé, relié aux parents, attaché à eux, tenu, retenu. Dans la rue, par exemple, il faut lui tenir la main au moment de traverser ou bien lorsqu'on rencontre quelqu'un qui pourrait lui faire peur, un chien en liberté, lors de la traversée d'un lieu dangereux, un bassin d'eau, un pont, une grille mal sécurisée. Cette attitude de protection rassure l'enfant, même si lui insiste pour vous lâcher la main.

S'il en fait des cauchemars, faites-le parler et demandez-lui s'il est bien convaincu que vous tenez à lui plus que tout au monde. Insistez lourdement sur le fait qu'il devra supporter encore au moins vingt ans votre surveillance et votre protection. Ne vous inquiétez pas, à l'adolescence, il vous demandera de le « lâcher un peu ». Profitez de sa peur encore quelques années...

Le spasme du sanglot

dès 18 mois

> **Adeline :**
>
> « Pourquoi mon fils Théo, trois ans, pique-t-il des crises de pleurs intenses jusqu'à ne plus respirer et tomber inanimé. C'est très éprouvant pour moi ; je crois toujours qu'il va mourir. Cela n'arrive jamais avec son père. Est-ce normal ? Dois-je consulter un psychologue ? »

Ce qui arrive à votre fils s'appelle « le spasme du sanglot ». Il s'agit ni plus ni moins d'une crise de larmes qui tourne mal. L'enfant, selon les cas, hurle ou reste silencieux, n'arrive pas à retrouver sa respiration car il expire très longuement. Comme il n'est plus oxygéné, il s'évanouit. Il est tout mou, les yeux sont parfois révulsés. Après quelques secondes, l'enfant se remet à respirer, puis reprend connaissance. Il est alors très fatigué et reste calme un long moment, comme s'il avait été sonné.

Revenons quelques minutes en arrière pour comprendre ce qui a provoqué cette crise qui me semble être la crise la plus impressionnante de la petite enfance. Elle survient dès six mois, mais surtout entre deux et quatre ans, âge de l'opposition systématique.

En général, l'enfant vient de voir opposer un refus à son exigence. Cette frustration lui est insupportable et il procède alors, inconsciemment, à une surenchère pour faire céder ses parents. Comme les parents tiennent bon, l'enfant, à bout, pleure de toutes ses forces jusqu'à l'épuisement. Il se met à trépigner, sa respiration s'accélère, son thorax se bloque. Mais dans cette caricature de crise, l'enfant est piégé parce qu'il ne respire pas régulièrement. L'absence d'oxygène due à ses pleurs provoque une perte de connaissance, laquelle lui permet aussi de se dérober à la frustration qu'il vient de subir.

Je comprends que cela impressionne les parents. Mais il faut savoir qu'un enfant ne meurt pas du spasme du sanglot, votre médecin vous le confirmera. Il se joue donc une partie importante entre le caprice de l'enfant et l'autorité du parent. En outre, l'enfant choisit le plus souvent des « victimes » facilement impressionnables : Maman ou Mamie.

Conseils

Lorsque l'enfant commence à pleurer, osez quitter la pièce pour ne pas lui donner l'occasion de réaliser son psychodrame sous vos yeux. Plus de spectateur, plus de crise. Plus le parent se montrera inquiet, plus les crises augmenteront. On a vu des enfants exercer sur leur entourage une véritable tyrannie et un chantage permanent. On n'ose plus rien lui refuser de peur de déclencher une nouvelle crise. Or, aucune séquelle physique ou psychologique ne subsistera après la crise, sachez-le. Vous avez tout intérêt à être ferme et sûre de vous pour ne pas montrer à l'enfant à quel point il est impressionnant.

En revanche, une fois la crise terminée, vous profiterez de son calme pour reprendre cet épisode avec lui en verbalisant ce qui s'est passé. Rappelez-lui qu'il a insisté pour obtenir de vous ceci ou cela. Vous avez refusé, il ne l'a pas supporté et il s'est mis en colère, puis a décidé de pleurer très fort. Mais il doit comprendre que, lorsque Papa, Maman ou un adulte lui dit non... C'est non ! C'est peut-être dur à supporter, mais ce sera comme cela et pas autrement. Terminez par « Tu as bien compris ? » tout en sachant qu'il faudra encore lui redire tout cela une prochaine fois. Éduquer c'est répéter indéfiniment la même chose, on le sait.

En le consolant, distillez gentiment : « Chaque fois que tu te mettras à pleurer comme cela, je sortirai de la chambre jusqu'à ce que tu te calmes et que tu comprennes que c'est moi qui décide et pas toi. »

Je profite de ce sujet des spasmes du sanglot pour répondre aux parents qui nous contactent autour des questions : caprices intenses, crises de pleurs à répétition et crises de nerfs sous toutes les formes. L'attitude des parents doit être la même. Ne pas se laisser impressionner et rester fermes et autoritaires tout en continuant à aimer leur enfant. Si vous ne voulez pas devenir son esclave, tenez bon !

Elle embête trop souvent notre chat !

2-5 ans

Sandrine :

« Lola qui a deux ans et demi, embête notre chat en lui tirant la queue, en le pinçant et en lui courant après constamment. J'ai beau lui expliquer qu'elle lui fait mal et la mettre au coin, rien ne change. Que dois-je faire ? »

Cette question qui concerne la réaction des enfants face aux animaux a déjà été évoquée plus haut dans cet ouvrage. (cf. p. 34). Nous l'aborderons ici plus en détail. Ce problème est délicat. En effet, presque tous les enfants sont sensibles à la présence d'animaux en tout genre.

Pour ce qui est des animaux domestiques, il faut savoir que dès quatre ou cinq ans, le rapport des enfants à leur animal favori est très particulier. Ce que je vais avancer là risque peut-être de choquer certains parents : beaucoup d'enfants ont un rapport « sadique » à l'animal, ce qui est tout à fait normal. Je le dis et le répète : il est normal qu'un enfant ait un rapport sadique envers les animaux, aux alentours de quatre à cinq ans.

Pourquoi ? Parce qu'à cet âge, l'enfant est en pleine illusion de toute-puissance. Il se montre autoritaire, capricieux et despote quelquefois envers ses parents. Pourquoi envers eux ? Parce que ce sont eux qui représentent l'autorité, qui l'éduquent et lui posent certains interdits. Cela le contrarie souvent puisqu'il ne veut en faire qu'à sa tête. Mais il doit intégrer les règles de vie en famille et en société. Et ces impératifs, ces obligations, ces interdits qui le guident dans son évolution lui pèsent, en même temps qu'il en a besoin.

Pour se délester de ce poids, l'enfant essaye de se décharger en agressant ses parents ou ses frères et sœurs. S'il n'y arrive pas, il le fera plus volontiers sur un animal.

L'animal domestique est souvent pris pour cible de tous les maux qui assaillent les enfants. Ils savent aussi être souvent câlins et affectueux envers leur chien ou leur chat. Mais voilà, il y a parfois des dérapages malheureux. L'agressivité, l'agacement, la nervosité, peuvent se décharger sur l'animal de compagnie. L'enfant tire la queue, bouscule, agace, embête, examine avec brutalité son animal préféré.

En fait, il lui fait endurer ce que ses parents lui ont fait subir : refus, punitions, correction, etc. L'animal auquel l'enfant s'identifie volontiers devient tantôt le confident fidèle, l'ami, et tantôt le bouc émissaire. Ainsi, là où l'enfant se sentait dans une attitude de soumission vis-à-vis de ses parents, il prend sa revanche et se sent supérieur au chien ou au chat grâce à ce rapport sadique qu'il établit avec l'animal. Il lui impose sauvagement sa force. Et cela semble le soulager.

En ce qui concerne la petite Lola, rappelons qu'elle n'a que deux ans et demi. Cette attitude qui consiste à embêter son chat est bien précoce. Rien de grave à cela. En psychologie, on sait que la maturité est variable selon les enfants. Elle a peut-être un sens exacerbé de la frustration et il est fort possible qu'elle soit en pleine phase d'opposition systématique à tout, surtout envers ses parents. Auquel cas, elle se défoule sur son chat pour extérioriser ce qu'elle ne peut dire de sa colère à leur adresse.

Il faut bien sûr faire très attention aux accidents. Un chat qui est malmené comme le vôtre peut très bien se montrer agressif. Il faut éviter qu'elle ne lui fasse mal. Car ce serait la preuve qu'elle est pleine d'agressivité et qu'elle ne peut ou ne sait la verbaliser. Dans ces moments pénibles, aidez-la à dire ce qu'elle ressent. Pourquoi a-t-elle tant besoin de le chahuter ou de lui faire mal ? Que cherche-t-elle ? Un affrontement ? Et de quel ordre ?

Conseils

À son âge, son vocabulaire n'est pas suffisamment riche pour indiquer ce qu'elle ressent vraiment. Aidez-la à formuler tout cela en la prenant sur vos genoux, en l'entourant de vos bras, pour qu'elle se sente enveloppée et contenue et parlez avec elle en la berçant. Cela l'aidera probablement à s'exprimer et elle se sentira en confiance avec vous. Mais surtout, profitez-en pour indiquer, chaque fois que cela arrive, qu'il ne faut pas faire de mal à un animal.

Questions délicates

Elle parle de la mort

4-8 ans

« **Stéphanie :**

Ma fille Liliana, cinq ans, a une camarade de maternelle qui lui a parlé de la mort. Depuis, elle s'inquiète de savoir si nous, ses parents, allons mourir. Comment lui parler de la mort sans la troubler davantage ? Comment la rassurer ? Merci d'avance. »

Les enfants intègrent la notion de la mort, durant leur développement psychologique, en deux temps. Dans un premier temps, c'est vers quatre ans qu'apparaît l'idée abstraite de la mort. À l'occasion d'un conte, d'une vision de la mort dans un dessin animé, dans une illustration, un livre, le corps inanimé les intrigue mais ne les choque aucunement. En effet, avec leur esprit imaginatif, ils pensent qu'il s'agit pour le mort d'une « mise en pause » et que la vie va repartir, comme dans un jeu. D'ailleurs, les enfants de cet âge-là jouent à se tuer (les cow-boys et les Indiens, les gendarmes et les voleurs, etc.), puis se relèvent et rejouent une autre partie. On pourrait dire « Mourir, c'est s'allonger, se relever et repartir ». À quatre ans, vivre et mourir sont compris dans un cycle magique d'éternel recommencement.

C'est à huit ans, et pas avant, que les enfants comprennent l'irréversibilité qu'un tel état impose : la mort, c'est être mort... pour toujours.

Entre quatre ans et huit ans, l'enfant a le temps d'assimiler les phénomènes de la vie. Il réalise petit à petit que le monde imaginaire qui occupe son esprit n'est pas celui dans lequel la société le plonge : faire attention au moment de traverser une rue, ne pas parler aux gens qu'on ne connaît pas, dire merci à la boulangère, s'excuser lorsqu'on a bousculé quelqu'un, ne pas poser sa main sur la gazinière, etc. Être raisonnable veut dire doué de raison : huit ans est bien l'âge de raison. On peut comprendre que pour un enfant de quatre ans, la mort soit teintée d'imaginaire, de magie, de fantastique et donc qu'un mort va revivre. À huit ans, en revanche, son esprit est bien plus concret et réaliste, plus juste, plus adapté à la réalité.

La plus grande crainte des enfants est de perdre l'amour et la protection de leurs parents. L'enfant est donc suspendu à leur survie. À cinq ans, votre fille ne peut intégrer que vous allez mourir dans longtemps. Elle n'a pas encore la notion du temps. Il faut donc l'informer et la rassurer.

L'informer, cela veut dire : « On meurt tous un jour, mais quand on est très vieux ou très malade. » La rassurer en lui demandant : « Est-ce que je suis très vieille ? », « Est-ce que je suis très malade ? » Ses réponses l'aideront à repousser ce cauchemar.

N'en veuillez surtout pas à cette camarade qui a mis cette idée de mort dans la tête de votre fille car, un jour ou l'autre, cette dernière aurait intercepté l'idée de la mort ailleurs.

Petite anecdote : il est très fréquent que des fillettes disent à leur mère, et sans aucune malice « Maman, quand tu seras morte, tu me donneras ton joli collier de perles ? » Il n'y a rien de choquant à cela, prenez-le aussi légèrement que c'est dit et avec toute la naïveté des enfants. Ce vœu témoigne que la fillette a bien admis que nous mourrons tous un jour et donc Maman aussi. Elle a aussi compris qu'il faudra attendre... longtemps avant de porter ce collier à son tour ; elle a intégré la notion de temps.

Ce sont ces deux éléments abstraits, le temps et l'inéluctabilité de la mort, qui l'aident à mieux comprendre ce phénomène naturel.

Conseils

Parlez à Liliana des feuilles mortes en automne, des cheveux qui tombent et repoussent ; semez des graines de haricots dans un bocal avec du coton et de l'eau ; lorsque vous nettoyez un poulet ou du poisson frais avant de le cuisiner, faites-la venir dans la cuisine, etc. On peut même se promener dans un cimetière si tant est que cela soit aisé. En revanche, un enfant n'assiste aux enterrements que dans deux cas : lorsqu'il s'agit d'un très proche parent ou lorsque l'enfant accepte d'y aller. Il ne faut donc pas le forcer.

Comment lui annoncer une mauvaise nouvelle ?

dès 4 ans

> **Anne :**
>
> « Mon beau-père est atteint d'une maladie incurable et l'inéluctable va bientôt arriver. Mon fils Charles, qui a cinq ans, est son premier petit-fils et lui est très attaché. Il a commencé à faire des cauchemars après avoir vu son grand-père en soins intensifs. Comment lui annoncer les choses alors que Charles nous demande quand est-ce que son papi sortira enfin pour passer encore un mercredi avec lui ? »

Partons du principe que, dans la vie d'un enfant, il ne faut pas tout dire. En effet, les questions morales, les tabous et certains secrets peuvent lui être cachés pour ne pas entraver trop tôt un développement harmonieux. Mais là, nous sommes sur un terrain humain, la vie et la mort sont des moments naturels auxquels un enfant peut être confronté, même tôt. Votre enfant sera, un jour ou l'autre, obligé de constater que ses grands-parents le quitteront.

Il est sûrement intelligent, et malgré sa jeunesse il sait déjà ce qui attend quelqu'un de très malade ; d'où sa demande pressante de passer encore un mercredi avec son grand-père.

Chez un enfant si jeune, il faut éviter une représentation de la mort tragique ou morbide. Cela veut dire que, selon la manière dont ses parents vivront l'événement, l'enfant acceptera plus ou moins bien l'impact de cette disparition annoncée.

C'est à partir de quatre ans exactement qu'un enfant conçoit ce qu'est la mort, c'est-à-dire l'inverse de la vie. Mais cette conception est très limitée et l'enfant peut très bien dire : « Le pigeon ne bouge pas, il est mort » et, quelques secondes après, demander : « Quand est-ce qu'il va se relever ? »

Ce n'est pas avant l'âge de huit ans que la notion d'irréversibilité de la mort apparaît distinctement à l'esprit de l'enfant. La compréhension de ce phénomène est donc très progressive dans son esprit; c'est pourquoi vous pourrez dire à votre fils ce qu'il en est, son esprit de cinq ans lui fera appréhender cette dure réalité avec lenteur. Il aura de la peine, aura sûrement du mal à comprendre pourquoi l'être aimé ne revient pas le voir. Cela fait partie de choses qu'il faudra lui expliquer. C'est l'impact que cet événement produira sur vous, parents, qui aidera paradoxalement votre enfant à supporter ce qu'il est difficile d'admettre à un si jeune âge où l'on est plein de vie.

J'ai remarqué que les enfants vivant à la campagne avaient un peu moins de difficultés à comprendre les phénomènes de vie et de mort. La proximité avec la nature y est sûrement pour beaucoup : les cycles de vie y sont plus évidents.

Conseils

Dites la stricte vérité à votre enfant : « Tu sais que Papi est très malade, les médecins ne sont pas sûrs qu'il pourra vivre encore longtemps ; c'est triste, mais c'est comme cela, c'est la vie. » Puisque votre enfant est intelligent, aidez-le à grandir en employant un langage vrai, avec simplicité et authenticité. Ces mots simples et sincères font mieux admettre le cycle de la vie et de la mort et sonnent juste dans l'esprit d'un enfant. Inutile d'enrober et de trop enjoliver la mort avec des phrases romantiques dignes des contes de fées.

Lors d'un décès, ne forcez jamais un enfant à assister à un enterrement s'il ne le souhaite pas, car des images trop pénibles pour lui (la mise en terre, par exemple) peuvent le bloquer et l'empêcher de se représenter l'être aimé comme il le souhaiterait. À quatre ou cinq ans, un enfant s'imagine l'être disparu dans une autre forme de vie et il a besoin de cela pour penser à lui. Évitez de lui dire que la mort est un long sommeil ; cela pourrait l'empêcher de s'endormir.

Elle a une amie imaginaire

dès 3 ans

Delphine :

« Inès, ma fille unique, vit avec une amie imaginaire depuis l'âge de trois ans. Cette dernière a un prénom, Inès lui parle, demande à ce qu'on lui mette une assiette à table, la gronde, se confie à elle, la sort même avec elle dans la rue. Mais son jeu s'arrête à l'école ou chez ses grands-parents. C'est épuisant de vivre avec un "fantôme ". Est-ce que cela s'arrêtera un jour ? »

Précisons les choses pour ceux et celles qui n'auraient pas compris ce qu'est ce fantôme dont parle Delphine.

Il est fréquent que des enfants uniques (ou bien des enfants ayant un grand écart d'âge avec leurs frères et sœurs aînés) s'inventent un personnage qui les accompagne. Ce compagnon vient limiter l'isolement dans lequel ils se sentent à la maison.

La question devient problématique quand cet ami imaginaire est trop présent dans la vie de l'enfant. Du matin au soir, certains se sentent proches de cet *autre*, au point d'en faire un copain de jeu, un invité à table, un ami dans le lit pour accompagner le sommeil comme pour se sentir moins seuls.

On peut légitimement s'interroger sur leur capacité à rester seuls, jouer seuls, rester silencieux, etc. Il semblerait que « l'autre » donne du sens et leur apporte le sentiment d'exister pleinement.

Certains enfants ont l'ingénieuse idée d'imputer à cet ami imaginaire toutes les bêtises qu'ils n'osent pas commettre eux-mêmes. Les choses sont simples puisque c'est toujours la faute de l'autre, celui qui est là à ses côtés, invisible pour les parents. On peut dire que sur le plan de la responsabilisation, l'enfant devra apprendre à assumer un peu mieux ses actes.

Conseils

Dites à votre enfant que vous tolérez la présence de son ami (sans prononcer son nom) dans certaines circonstances mais pas dans d'autres. Par exemple : oui, lorsqu'il est en train de jouer, dans sa chambre, dans son bain, non, à table.

L'idée est de s'adresser toujours à lui en évitant d'introduire son compagnon imaginaire dans vos propos et surtout dans votre esprit. Car c'est précisément ce qu'il attend de vous : accepter l'idée qu'il pourrait exister un tiers dont il a besoin.

En tant que parents, vous pouvez, dans un premier temps, réfléchir pour essayer de repérer le manque : un frère, un compagnon de jeu, une moitié qui serait un complément à sa personnalité inhibée, un grand frère parti vivre ailleurs ou simplement en internat ?

Est-ce, au contraire, un subterfuge pour éviter d'assumer ce qu'il ne peut réaliser et qu'il fait jouer à cet autre ?

Au cas où l'enfant aurait des frères et sœurs d'âge proche, on devra s'interroger sur cet ami imaginaire qui pourrait lui servir de paravent ou de bouclier pour s'isoler de sa fratrie. Pour quelles raisons ?

Même si bon nombre d'enfants ont recours à cet ami imaginaire, vous veillerez à ce que le vôtre s'ouvre aux autres, amis, camarades, cousins, etc., de manière à éviter un enfermement social « à deux ».

Pourquoi ne pas adopter pour lui un compagnon à quatre pattes ?

Il a peur des ballons

3 ans

Piedro :

« Mon fils de trois ans a peur des ballons de baudruche. Il les gonfle, s'amuse même à les faire éclater. En revanche, il est terrorisé lorsqu'il voit quelqu'un d'autre les manipuler ou les gonfler. S'il soupçonne la présence de ballons à une fête, il panique à l'idée de s'y rendre. Faut-il le montrer à un psychologue ? »

C'est entre deux ans et quatre ans que les enfants élaborent le noyau de leur future personnalité. Les éléments qui constituent leur univers sont éparpillés tels les morceaux en désordre d'un puzzle. Ils ont donc environ deux années devant eux pour rassembler ces pièces en une composition à peu près harmonieuse. Cette dernière aura la particularité d'être complète et on y trouvera l'affection de l'enfant envers ses parents et sa réciprocité, la jalousie, l'autorité, les frustrations, l'identification aux parents, le courage, les peurs et angoisses diverses, la toute-puissance... En un mot tout ce dont un enfant a besoin pour vivre et grandir normalement et qui constitue son caractère.

Ces éléments se mettent en place dans sa tête et dans son cœur, et forment un ensemble à peu près cohérent : un bloc, un tout indivisible. L'enfant lui-même est indivisible, il est un et unique.

Revenons à notre sujet. Si, durant cette construction laborieuse qui consiste à rassembler des pièces pour les contenir dans une totalité, on fait éclater ce contenant, rien ne va plus. Les enfants de cet âge-là, trois à quatre ans, vont essayer par des jeux, des dessins, des travaux manuels, de réaliser un ensemble renfermant des parties : découper du papier et du carton et coller les morceaux sur une grande page pour faire un patchwork fini et complet. Ou encore coller des gommettes à l'intérieur d'un rectangle et surtout ne pas dépasser pour rester dans les limites de la figure géométrique. Autre exemple banal, les puzzles justement. À cet âge, les puzzles sont simples, ils comportent dix, vingt pièces maximum. L'enfant est très content d'achever son puzzle sans que rien ne manque. Il en est fier et cela est une représentation du travail qu'il réalise sur lui-même : un rassemblement des éléments de sa future personnalité.

Imaginez un ballon contenant de l'air et qui éclate : cela ressemble (de loin) à ce travail de constitution de son moi et de sa personnalité. C'est, je crois, pour cela que votre fils préfère ne pas s'approcher des ballons qui ressembleraient à son système d'organisation mentale encore fragile.

Vous comprenez mieux que cela n'a rien d'inquiétant. Il faut simplement attendre qu'il ait passé le cap de ses quatre ans. Tant que c'est lui qui manipule le ballon de baudruche, il a l'impression d'en contrôler le contenu. Mais lorsque c'est quelqu'un d'autre, plus rien n'est sûr.

Petite particularité : lorsque, échappant à la vigilance de l'enfant, les ballons gonflés à l'hélium se détachent et s'envolent dans le ciel, la déception peut être immense. En effet, ce qui ressemble à un contenant, bien maîtrisable par un lien que l'on tient, pourrait représenter cette personnalité unie que l'on contrôle. Si elle lui échappe, il a l'impression de la perdre, précisément au moment où il n'aime pas perdre, où il n'aime pas se sentir diminué.

Conseils

Surtout, ne forcez pas votre enfant à se confronter avec des ballons gonflés.

Dites-lui que vous pouvez comprendre qu'il ait peur. Cela le tranquillisera de vous savoir compatissant. Essayez de l'habituer à jouer avec des ballons rigides en plastique dur ou en mousse, afin qu'il puisse tout de même profiter des jeux de ballon. Il faudra attendre une année, tout au plus, pour le voir accepter à nouveau les ballons de baudruche.

Patience…

Il se tape la tête pour s'endormir

dès 1 an

Bétina :

« Depuis longtemps, mon bébé de vingt mois se tape la tête contre le mur pour s'endormir, ainsi qu'en pleine nuit et le matin au réveil. J'ai peur pour sa nuque et sa colonne vertébrale. Le médecin m'a donné un médicament pour les nerfs, est-ce qu'il n'est pas un peu jeune pour prendre des calmants ? »

Parmi les différentes techniques d'endormissement, les nourrissons choisissent souvent de remonter vers les bords du couffin et collent leur tête au pourtour de leur petit lit. Les spécialistes de la périnatalité pensent que le bébé cherche ainsi à retrouver les sensations de contact qu'il a eues durant les derniers mois de grossesse avec sa tête contre la paroi utérine de sa mère. L'enfant est rassuré par ce réflexe et s'endort plus calmement. Mais il est également fréquent que les bébés aient besoin de se balancer eux-mêmes pour s'endormir. D'ailleurs, nous parents, les berçons dans nos bras pour les calmer, les faire patienter ou les aider à s'endormir. Il est possible que votre enfant ait conservé ce réflexe.

Néanmoins, ce comportement n'est pas systématique chez tous les enfants ; or, vous nous présentez cette attitude comme une disposition récurrente et indispensable à votre bébé.

Seul un pédiatre vous confirmera le bien-fondé de cette attitude particulièrement atypique. Après l'avoir observé et vous avoir interrogée à ce sujet, il aura peut-être besoin d'un autre regard, celui d'un neurologue ou d'un pédopsychiatre. Ces spécialistes seront là pour vous rassurer et ôter toute suspicion de trouble sévère. Mieux vaut prévenir que guérir, comme dit l'adage.

Conseils

En cas de récidive, vous pourrez toujours recourir à une courte période d'observation dans un hôpital spécialisé dans les troubles du sommeil. Mais d'ores et déjà, proposez à votre bébé une tétine et une peluche qui le calmeront dans son lit. Il est possible que la succion et la présence de cette peluche lui apportent ce qu'il recherche avec ses balancements.

Vous pouvez aussi tapisser le pourtour du lit avec des traversins afin d'éviter que l'enfant ne se cogne la tête violemment contre le mur ou les barreaux de son lit. En effet, certains balancements associés à un choc de la tête pourraient produire des lésions. Enfin, il est arrivé que certains enfants, grâce à ce balancement ritualisé, parviennent à produire un état anesthésiant qui les calme tellement que cela devient pour eux une ritournelle motrice qui les enferme dans cet automatisme comportemental, comme dans une bulle.

Mais rappelons-le, rien ne vaut l'avis d'un spécialiste.

Jusqu'à quel âge peut-on le laisser croire au Père Noël ?

5-7 ans

Fabrice:

« Jusqu'à quel âge peut-on le laisser croire au Père Noël ? »

Il n'est d'ailleurs pas le seul à poser cette question. D'autres interrogations tournent autour de cette thématique à l'approche du mois de décembre.

La fête de Noël (ou de saint Nicolas) véhicule son lot de croyances grâce à un conte ou un mythe moderne que les enfants et leurs parents entretiennent avec grand plaisir. Que l'on soit croyant ou non, le Père Noël suscite le rêve et développe l'imaginaire des enfants à l'infini. Nous-mêmes sommes émerveillés de les voir si heureux à ce moment de l'année. Leur attente impatiente, les voir compter les jours ou plutôt les nuits, leur comportement qui s'assagit dans l'espoir de faire partie des enfants récompensés, les souvenirs d'enfance que leur enthousiasme éveille en nous... C'est tout cela le mythe : attendre quelque chose de beau, espérer un cadeau.

La question que se posent certains parents est de laisser l'enfant continuer à y croire ou non et jusqu'à quel âge ? S'il apprenait par quelqu'un d'autre que le Père Noël n'existait pas, ne perdrait-il pas confiance en eux ? Si la vérité surgissait, quelle serait sa déception ?

À ces questions, je répondrai que tout enfant apprend, jour après jour, à ouvrir les yeux sur la réalité. Mais, en ce qui concerne le Père Noël, il vaut mieux le faire en douceur, car c'est la société tout entière qui fait perdurer ce mythe à travers les vitrines des grands magasins, les livres sur le Père Noël, les personnages costumés dans les rues et à la télévision, les chants de Noël, etc. Tout, au moment de Noël, ramène vers ce personnage mythique à l'allure généreuse et confiante.

Nous entretenons tous l'idée d'un petit bonheur innocent et fragile, comme le sont nos enfants.

Entre cinq ans et huit ans, au grand maximum, la plupart des enfants cessent de croire au Père Noël grâce à un frère ou un camarade plus mûr ou bien à cause de nos erreurs d'adultes puisqu'il arrive que nous nous trahissions. Mais alors, comment ne pas trahir nos enfants ?

L'enfant qui pose la redoutable question à ses parents se prépare à entendre LA vérité. Ce n'est pas pour autant qu'il faut la lui révéler. Vous pouvez le laisser deviner. Par exemple, on peut retarder l'échéance avec un « Et d'après toi, il existe ou pas ? ». Si l'enfant répond oui avec fermeté, attendez encore un peu, cela vaut mieux. Si, au contraire, il dit ne pas savoir et se met à douter, on peut s'avancer en osant : « De toute manière, qu'il existe ou pas, tu auras des cadeaux. » Cela peut déjà lui mettre la puce à l'oreille.

Conseils

Un principe de base mérite qu'on réfléchisse un peu : à chaque chose que l'on retire à un enfant, autre chose doit venir l'enrichir. Je m'explique : si nous lui retirons ce mythe du Père Noël, comblons cette tristesse par le fait qu'à présent qu'il sait, qu'il devient un peu plus grand, il fait partie des initiés. À ce titre, on lui demandera de garder à son tour le secret auprès des plus petits.

Les conséquences d'un déménagement

Vanessa :

« Léanne, trois ans, a mis beaucoup de temps pour s'intégrer à l'école. Cet été, nous déménageons, donc nouvelle école et nouvel environnement. J'ai peur que tout ce changement ne la perturbe. »

Tout changement d'environnement peut affecter un enfant, c'est vrai, mais essentiellement selon la manière dont les parents considèrent l'événement. L'enfant le vivra très bien si ses parents sont satisfaits ou de façon plus délicate, si ses parents en sont eux-mêmes affectés. Nos enfants nous renvoient souvent, à leur insu, le miroir de nos ressentis internes.

À l'âge de votre fille, on peut estimer qu'elle n'a pas eu le temps de se faire beaucoup de camarades. Scolarisée depuis peu, elle a des attaches relationnelles encore légères. Mais elle peut avoir des repères stables : sa maîtresse d'école, les lieux (sa classe, la cour de récréation) et des petites camarades avec qui elle aime jouer.

Il faut relativiser vos craintes : il s'agit d'un déménagement et non d'une opération chirurgicale, d'un décès, d'une séparation de ses parents ou d'un accident. À ce titre, toute expérience de la vie est une occasion pour l'enfant de s'adapter à des situations nouvelles. J'ai connu beaucoup d'enfants (de parents militaires) qui devaient déménager tous les deux ou trois ans. Ils n'ont pas été particulièrement perturbés dans leur scolarité. Ils ont perdu des amis du fait des déménagements, mais en ont gardé aussi. Dans la mesure où « c'était comme ça » et qu'on n'y pouvait rien, les enfants se sont adaptés.

Françoise Dolto a apporté beaucoup de bonnes choses dans la compréhension et le respect que les parents devaient aux enfants. Mais ne caricaturons pas son message. Un enfant n'est pas un être fragile, ni un roi, ni une idole. Il doit s'adapter au monde qui l'entoure grâce à l'éducation que lui apporte son parent.

Nos enfants sont résistants, ne vous inquiétez pas. Ce qui les fragilise, ce sont plutôt nos doutes, nos incohérences (c'est-à-dire les principes que nous énonçons et les actes en contradiction avec ces principes), nos culpabilités également. Parmi ces dernières, celle qui déstabilise le plus nos enfants consiste à les surprotéger, à ne pas leur poser d'interdits, à les laisser tout faire, sous prétexte qu'ils sont petits, qu'ils ne savent pas, qu'ils seraient fragiles, etc.

Conseils

S'il fallait vous donner un conseil, je dirais qu'il faut, tout d'abord, considérer votre déménagement comme quelque chose de positif si tel est le cas ; et votre enfant le supportera d'autant mieux.

Si ce déménagement vous est imposé, prenez-le alors comme une obligation à laquelle vous ne pouvez échapper et dites-vous que « c'est comme ça ! » Et votre enfant devra le prendre tel quel.

Si il venait à en souffrir, ce dont je doute, vous pouvez lui en parler en disant : « Maintenant on va habiter dans cette nouvelle maison, tu te feras d'autres camarades, tu auras d'autres lieux de jeux, on rencontrera d'autres personnes nouvelles et on se souviendra des copains d'école (qu'on aura pris soin de prendre en photo). » On peut aussi organiser un goûter d'adieu dans la classe. Éventuellement, vous pouvez même recontacter certains camarades auxquels elle sera restée attachée.

Croyez-moi, si vous en parlez simplement à votre fille, elle supportera ce déménagement comme tous les enfants, même s'il lui arrivera d'évoquer l'ancienne maison et de verser une larme, à l'occasion. Ne pensez pas négativement et tout se passera au mieux.

Il a des tics

5-8 ans

> **Vanessa et Yoshiko :**
>
> « Des tics sont apparus chez nos enfants respectifs, Arthur (cinq ans) et Kimi (sept ans). L'un a les lèvres abîmées à force de se les mordre et se ronge les ongles, l'autre cligne des yeux et se racle la gorge. »

Si Arthur se mordille les lèvres, s'il se ronge les ongles, si Kimi se racle la gorge ou cligne des yeux c'est sûrement qu'ils sont nerveux et tendus.

Bon nombre d'enfants sont atteints de tics. Il en existe de toutes sortes. Certains enfants soufflent fort, d'autres se sentent obligés de prononcer des mots ou des sons particuliers, d'autres ont la bougeotte et les derniers, comme Arthur, ont besoin de sentir le bout de leurs doigts ou de leurs lèvres, c'est-à-dire leurs extrémités (en fait, l'extrémité de leur personne, pour mieux en repérer les limites).

Le tic est une activité comportementale inconsciente et compulsive qu'on ne peut pas refréner facilement, d'où la répétition de l'acte à intervalle régulier.

Le tic que l'enfant va adopter risque de varier dans sa localisation (tantôt la bouche, tantôt l'épaule, les doigts, etc.), mais aussi dans sa forme (raclement de gorge, clignement des yeux, mouvement des épaules ou du dos, balancement sur une chaise en équilibre...). Tous les deux ou trois mois, l'enfant peut changer de tic, selon un ordre imprévisible. Et il n'y a rien de grave à avoir des tics.

Que nous disent-ils ?

Les tics sont fréquents chez les enfants âgés de huit ans. Mais on peut aussi les constater chez ceux de quatre ou cinq ans.

Si nous devions faire la liste des contraintes qu'un enfant normal rencontre dans une journée ou une semaine, elle serait très longue. Citons-en quelques-unes : se conformer aux principes éducatifs des parents, obéir en classe, contrôler son agressivité, être poli, faire ses devoirs, prendre sa douche tous les jours, se lever à l'heure pour aller à l'école. Je continue : « Non à ceci, non à cela, ne fais pas ci, lève ton doigt avant de prendre la parole, n'interromps pas ton camarade, patiente, pose ce couteau, tiens-toi bien quand tu manges, dis "s'il te plaît" avant de demander, tu as oublié de dire "merci" », etc.

La liste de contraintes et d'obligations qui amène un enfant à se socialiser est longue. À cela s'ajoutent les conflits habituels de l'enfance : la jalousie à l'égard de la fratrie, le sentiment d'injustice, la timidité, la peur de décevoir les parents et d'être moins aimé en retour, etc. Je ne parle même pas des peurs et des incertitudes liées à des causes extérieures à sa personnalité, comme le divorce des parents, le décès d'un grand-père, un déménagement qui lui ferait perdre ses repères et ses amis, etc.

Toutes ces contraintes et obligations, légères ou pénibles, produisent des tensions physiques et psychiques. Ces pressions accumulées ont besoin, à intervalles réguliers, de s'évacuer. Comme une Cocotte-Minute laisse échapper la pression contenue pour éviter l'explosion, l'enfant va libérer des petits bouts de tension. Vous me voyez venir... Les tics servent à dégager la pulsion motrice devenue trop forte à contenir.

Alors que faire ? Empêcher cette pression de s'évacuer reviendrait à l'obliger à supporter une charge physique et émotionnelle trop grande pour un si petit. Dans la mesure où il n'y a rien d'alarmant à avoir des tics, laissons-le traverser cette période de six mois, un an, deux ans ou plus, sachant que lui-même en est déjà gêné et cherche par tous les moyens à cesser cette activité intempestive.

Conseils

Proposez plutôt à votre enfant de se détendre lorsqu'il en a le temps (un bain le soir plutôt qu'une douche, s'allonger sur son lit en écoutant une musique douce, lui apprendre à ne pas réagir à la moindre provocation de ses frères et sœurs). Faites-lui un massage du corps ou du visage, mettez de la musique douce ou des contes audio sous forme de CD à écouter. Si, dans ces moments-là, il parvenait à dire ce qui l'a chagriné ou contrarié dans la journée, cela présenterait l'avantage de le libérer verbalement. Prêtez-lui une oreille attentive pour qu'il se sente écouté.

La pratique régulière d'un sport permet de se défouler et d'évacuer le trop-plein d'énergie et une partie de la pulsion agressive naturelle chez l'être humain.

Vous pouvez aussi recourir à un spécialiste de la relaxation qui apaisera ses tensions internes.

Prenez de la distance face à ce petit trouble, car il est passager. L'enfant l'évacuera aussitôt qu'il aura trouvé d'autres modes d'extériorisation plus adaptés.

On ne se moque pas des tics d'un enfant. S'il le pouvait, il s'en passerait volontiers. Un peu d'indulgence pourrait vraiment l'aider.

Enfin, rassurez-le en lui indiquant que ces tics passeront, un jour, lorsqu'il apprendra à se détendre.

Pour nous résumer, le tic n'a rien de pathologique, il est juste l'expression visible ou audible d'une tension interne qui cherche à se résorber.

Comment lui expliquer qu'on ne parle pas aux inconnus ?

dès 6 ans

Marie-Frédérique :

« Élisa, qui a six ans, est très enjouée, sociable et généreuse avec tout le monde. Mais justement, elle parle à n'importe qui dans la rue et j'ai peur qu'elle ne fasse de mauvaises rencontres le jour où elle sera plus autonome. À quel âge et comment lui expliquer nos craintes sans l'effrayer ? »

Aussitôt qu'un enfant est en âge de se déplacer seul, dans la rue ou dans la résidence où il habite, il faut lui expliquer qu'on ne parle pas à un adulte qu'on ne connaît pas. Dans le cas présent, il vaut mieux prévenir que guérir et ne pas attendre qu'il ait fait une mauvaise rencontre pour réagir.

Dès sept-huit ans, des enfants autonomes se rendent à la boulangerie à côté de la maison, vont seuls à l'école ou jouent au square d'en face lorsqu'ils sont suffisamment mûrs et que les parents leur font confiance. Mais il arrive aussi qu'ils aient affaire à de grands adolescents ou à des adultes, bienveillants ou non. Dans le doute, mieux vaut généraliser le principe de précaution à toute rencontre qu'ils peuvent faire et leur interdire de suivre quelqu'un qui le demanderait.

Puisqu'à leur âge, ils sont incapables de distinguer un « gentil monsieur » d'un autre, malveillant, face à cet inconnu, pour éviter toute gêne, toute équivoque ou... pire, apprenez-leur à rester polis et fermes à la fois. L'enfant peut se faire offrir un bonbon, un cadeau ou accepter un simple compliment et se laisser tromper. On a vu des enfants, voulant rendre service à un automobiliste qui demandait son chemin, se sentir gratifiés lorsque l'adulte les invitait à monter dans sa voiture.

Pour toutes ces raisons, mieux vaut une attitude unique. Apprenez leur à dire : « Excusez-moi, mes parents m'ont dit de ne jamais parler à un inconnu. » Si, après avoir entendu cela d'un enfant, l'adulte insiste toujours, c'est qu'effectivement il vaut mieux s'en méfier.

Conseils

Un enfant prévenu en vaut deux ! Mais comment parler au vôtre ?

Posez-lui des questions et ses réponses vous renseigneront pour compléter ce qu'il ne sait pas encore. Demandez-lui par exemple :

« Si tu étais perdu, à qui demanderais-tu ton chemin ? »

« Si un monsieur te demandait de le suivre pour te montrer quelque chose d'intéressant, que ferais-tu ? »

« Et si quelqu'un voulait t'offrir le cadeau dont tu rêves ? »

Selon ses réponses, rectifiez ce qui le mérite et indiquez-lui qu'il peut attendre de voir une passante pour se faire aider. Il peut aussi s'adresser à un agent de police ou une personne chargée de la sécurité routière, enfin à un gardien de square. En cas de doute, dans la rue, mieux vaut entrer dans un magasin qu'il connaît pour demander de l'aide.

Enfin, expliquez-lui bien que, quel qu'en soit le motif, un adulte inconnu n'a pas à s'adresser à un enfant, surtout pour lui demander de l'aide. Pour cela, un adulte s'adresse à un autre adulte. De même, il ne doit pas suivre quelqu'un qui prétend venir le chercher de votre part, si vous ne l'avez pas prévenu auparavant ou si vous n'en avez pas informé l'école.

Si vous devez le récupérer à la sortie d'un lieu précis ou d'une activité quelconque, prévoyez, en cas de retard, une parade systématique : « Si je ne suis pas là, tu m'attends chez la boulangère. Elle est au courant. »

Il faut savoir ne pas noyer votre enfant d'informations inutiles ou qui risqueraient de l'alarmer à outrance. Il n'est pas question d'entrer dans les détails et encore moins de parler de perversions sexuelles : dites simplement qu'il existe parfois des gens bizarres, qui peuvent vouloir du mal aux enfants, et même les enlever...

Si, et seulement si, il vous demande ce qu'il peut faire en cas d'urgence, parlez-lui du numéro vert national (gratuit) pour l'enfance maltraitée, le 119, qu'il peut appeler à tout moment, même d'une cabine et sans carte (24 h/24 et tous les jours de l'année), pour exposer ses doutes et demander conseil, et du 17, Police Secours, si le 119 est occupé.

Vous pouvez pousser le réalisme en lui proposant un jeu de rôle où vous seriez l'adulte inconnu qui l'aborderait et lui, l'enfant. Rejouez la scène jusqu'à ce qu'il sache répondre instinctivement et avec assurance. Ce jeu de rôle lui donnera confiance si la scène devait se produire.

Les temps changent : à la suite de nombreuses affaires, les parents deviennent de plus en plus méfiants et on les comprend volontiers. Il est évident que nous ne pouvons plus penser la relation enfant-adulte, dans la rue, comme nous avons pu la vivre à notre époque.

Il a été effrayé par une image vue à la télé

5 ans

« **Ambre :**

Mon fils de cinq ans a vu à la télé un film d'action où quelqu'un sautait d'une fenêtre d'immeuble. Il a été effrayé et, depuis, il dort mal. Son père est un drogué de télé et moi je refuse de le laisser voir n'importe quoi. Je me bats pour la lui interdire, mais il sait l'allumer tout seul. Je ne sais plus quoi faire. »

La télévision est, avant tout, un instrument ludique et éducatif. Elle n'est pas une activité. Comme toutes les bonnes choses, il faut savoir en user avec modération, c'est-à-dire lorsqu'on est sûr qu'un enfant sait jouer seul ou avec ses camarades, se plonger dans un livre, pratiquer une activité ludique, sportive ou culturelle, enfin passer du temps, seul, à se reposer ou même à s'ennuyer. Alors, dans ce cas, la télévision peut être un complément utile et plaisant.

En général, les bonnes chaînes de télévision dédiées aux jeunes enfants sélectionnent, pour eux, des programmes adaptés à leur âge. Les émissions qu'on y trouve ont été judicieusement choisies pour leur caractère inoffensif.

Il est évident que si l'enfant se permet d'allumer la télévision sans autorisation, il peut tomber sur un programme inadapté à son âge, voire dangereux pour son psychisme. Regarder la télévision durant la journée n'est pas un critère d'innocuité d'une émission. En effet, la violence exposée dans les journaux télévisés est souvent crue, surtout aux yeux des enfants et ce d'autant plus si personne n'explique au petit la signification de ces images. Des scènes réelles ou imaginaires, troublantes, qui resteraient sans explication sont nocives. Dans la mesure où les enfants ont tendance à se créer des théories incertaines autour des événements qui leur sont incompréhensibles, ils sont capables de ne pas exprimer leurs troubles aux adultes qui les accompagnent. C'est de là que proviennent les images choquantes qu'un enfant conserve longtemps en mémoire et qu'il se repasse en boucle dans sa tête. Nombre de parents se plaignent de troubles du sommeil de l'enfant dus à des images terribles ; cela doit nous inciter à imposer des règles précises et un contrôle réel quant à l'usage de la télévision, qui se pose en termes de temps passé et de qualité d'émissions à regarder.

Conseils

Apprenez à l'enfant à demander à voir telle ou telle émission précise, plutôt que d'exiger de regarder la télévision... pour combler l'ennui.

Avant huit ans, âge de raison, c'est à vous qu'il revient d'allumer et d'éteindre la télévision.

Lorsqu'un programme est complexe à comprendre pour un jeune enfant, on le regardera avec lui pour lui expliquer ce qu'il doit en penser.

Mon fils adore jouer à la Barbie avec ses cousines

dès 4 ans

Estelle :

« Je me demande si mon fils de cinq ans, Lucas, ne sera pas homosexuel plus tard. Il se déguise volontiers en princesse, met souvent mes chaussures à talons, adore se mettre du rouge à lèvres et joue à la poupée avec ses cousines. »

Tout au long de leur développement psychologique, les enfants aiment mettre à l'épreuve et vérifier les évidences que leurs parents leur présentent. Lorsqu'on a un fils, on l'habille en « garçon », on lui parle « garçon », on le pense « garçon », etc. Tout cela semble évident. Les enfants déroutent notre système de pensée bien rectiligne. Garçons et filles vont aller voir du côté de ce qu'ils ne sont pas, juste pour observer, pour connaître ce que c'est qu'être fille ou garçon. Par exemple, vers quatre ans, la fillette va refuser de mettre une robe et préférera les pantalons ; dans son bain, elle imitera les garçons faisant pipi debout ; elle pourra même jouer au football et aura pour camarades des garçons. Le garçon, lui, essayera les accessoires féminins : rouge à lèvres, chaussures à talons, voix aiguë, attitudes maniérées et jeux de poupée. « Juste pour voir », selon l'expression consacrée. On appelle cela de la curiosité. Et j'ajouterai de la curiosité saine.

L'enfant bâtit son identité sexuelle progressivement en allant voir – au-delà des évidences de son sexe – ce qu'est l'autre sexe, précisément celui qu'il n'a pas. Par l'imitation, souvent caricaturale, il tente d'approcher cette zone bizarre qui est l'autre. Après quelques heures ou quelques semaines d'emprunt, il adopte de manière plus convaincue l'identité du genre que la nature lui a donné.

Conseils

Il faut éviter de réagir brutalement. Admettons-le, ce sont principalement les pères qui ne supportent pas de voir leurs fils se déguiser en fille. Les mères, elles, sont beaucoup plus souples. Mais attention : une réaction trop hostile à ces déguisements risque de « fixer » l'enfant dans cette position, ce que voulaient précisément éviter les parents.

Que faire ? Rien d'autre qu'en parler avec lui. Informez-le : à l'aide d'un bon livre adapté à son âge, lisez et commentez les légendes des illustrations montrant l'anatomie de la fillette et du garçon, cela satisfera un certain temps sa curiosité.

Mais attention à l'excès d'informations inutiles : il n'est pas question de parler d'homosexualité, puisque votre enfant, lui, n'y pense même pas.

Le très beau film français *Ma vie en rose*, aborde ce sujet. Il est exclusivement réservé aux parents !

Quand le montrer à un psychologue ?

> **Bruno :**
>
> « Bastien (quatre ans) est agité, il vient nous réveiller la nuit, est souvent grognon, embête sa sœur de deux ans, réclame d'être pris dans les bras, n'aime pas faire de bisous quand on le lui demande, etc. C'est un malaise qui existe depuis que sa sœur est née. Doit-on le montrer à un psychologue ? »

Un enfant va plutôt bien psychologiquement lorsque le triptyque suivant est réuni : une bonne qualité de sommeil, un bon appétit, une humeur gaie et joviale. Voilà le secret d'un enfant en bonne santé psychique.

Mais, ne nous leurrons pas, le développement psychologique d'un enfant bien portant est aussi fait d'embûches, de soucis et même de crises. Cela n'entame pas pour autant son bon fonctionnement mental. Il faut se fier aux conseils du pédiatre, à l'avis de sa maîtresse d'école qui le connaît bien (elle passe quotidiennement un certain nombre d'heures avec lui), ainsi qu'à votre intuition de parent.

Un enfant qui souffre est un enfant arrêté dans son expression (il parle peu, exprime rarement ce qu'il ressent, s'exprime comme un bébé et gémit au lieu de demander).

Un enfant souffre lorsqu'il est inhibé dans ses gestes et ses postures, lorsqu'il prend peu de risques et d'initiatives, lorsqu'il défie rarement l'autorité des parents.

Un enfant souffre lorsque les fonctions biologiques essentielles sont altérées : troubles de l'alimentation, du sommeil et de la propreté.

Un enfant souffre lorsque son développement est entravé par des soucis familiaux majeurs.

Mais tous ces enfants ne relèvent pas pour autant du psychologue. Le bon sens, cher à nos grands-parents, fait souvent défaut. Ces derniers savaient, intuitivement, aller à l'essentiel même si leurs méthodes et leurs propos étaient un peu rudes. De nos jours, nous cherchons tellement à avoir des enfants parfaits, à résoudre toutes les difficultés qu'ils pourraient connaître, à écarter toutes les pierres de leur chemin, que nous ne tolérons plus le moindre bobo ; c'est ainsi que, très vite, l'on opte pour une consultation chez le psychologue.

Conseils

Il faut montrer à un enfant qu'on est fier de lui, y compris dans l'échec ; apprenons à réserver du temps exclusivement pour lui, à l'interroger, lorsqu'on le sent en peine ou une fois la crise dépassée. Si l'on admet qu'il y a forcément une raison aux difficultés qu'il traverse, on s'intéressera nécessairement à l'enfant et il le sentira. C'est souvent ce qu'il attend d'ailleurs. Or, notre vie moderne ne nous laisse que peu de temps pour tout réaliser et nous pencher en plus sur les soucis que cause un enfant. On préfère avoir recours au spécialiste, c'est plus facile. Il est vrai qu'une consultation unique arrive à soulager les parents et leur fait voir ce « à côté de quoi » ils sont passés. Ultime recommandation : si vous décidez de l'emmener chez un psychologue, tenez-vous prêt à vous remettre, vous aussi, un peu en question, car les enfants ont l'art de savoir y conduire leurs parents... À bon entendeur...

Autonomie

Pouce ou tétine ?

dès 3 mois

Caroline :

« Que choisir entre la tétine et le pouce pour notre bébé ? Faut-il l'influencer dans un sens ou dans l'autre ? »

Bon nombre d'enfants n'ont eu besoin ni de pouce ni de tétine et se portent à merveille.

Chez les nourrissons qui ont recours à ce mode de succion, on a constaté que ce besoin physiologique pouvait s'installer au point de devenir une dépendance comportementale.

Tous les bébés de la terre ont besoin de téter. C'est d'ailleurs grâce à ce réflexe qu'ils parviennent à se nourrir. Le plaisir obtenu par la tétée et la succion rassure et calme le nourrisson. Il n'est donc pas étonnant de le voir recourir à ce réflexe chaque fois qu'il a besoin de se consoler, lorsqu'il est contrarié, fatigué, qu'il a faim ou sommeil.

Le problème est que l'enfant risque de se contenter de sucer son pouce ou sa tétine plutôt que d'exprimer ses besoins d'une manière ou d'une autre. N'osant pas demander ou ne voulant pas affronter un refus parental, il pourrait opter pour une solution immédiate : la satisfaction orale par la succion. Chacun des modes de succion revêt un avantage et un inconvénient.

La tétine est souvent peu hygiénique, tombe du lit en pleine nuit, mais reste un objet externe qui peut être retiré à l'enfant pour l'aider, un jour, à s'en détacher. Tandis que le pouce est toujours disponible, et c'est là que le bât blesse, on n'en est que plus dépendant.

Ces deux formes de succion incitent donc à recourir facilement à un objet de satisfaction immédiate au détriment de l'effort que représente l'expression d'un besoin. En effet, le bébé, au lieu d'apprendre à demander et à s'exprimer, condamne son organe d'expression unique.

Comme parents, nous avons tous été soulagés de constater que Bébé optait pour le pouce ou la tétine lorsqu'il supportait mal une situation délicate (faim, auscultation médicale, sommeil difficile, contrariété, pleurs inconsolables, etc.). On pourra accepter qu'un enfant use du pouce ou de la tétine dès lors qu'on gardera en tête que cette dépendance devra cesser à un certain âge.

Conseils

Dès qu'il saura s'exprimer, aidez l'enfant à verbaliser ses difficultés et ses besoins. Mieux vaut consoler son enfant par une attention accrue et des câlins plutôt que de lui proposer d'emblée la tétine. Réservez-en l'usage pour le lit. Avant son troisième anniversaire, préparez-le à l'idée que le jour de son entrée en maternelle, on déposera la tétine dans une enveloppe sur laquelle on inscrira son prénom et qu'on « oubliera » tout en haut d'un placard. Elle sera bien là, mais inaccessible, pour lui éviter la tentation d'y succomber. Pour ce qui est du pouce, des enfants ont eu recours à un gant de laine pendant la nuit, ce qui les a déconditionnés, petit à petit, de la succion.

Certains adultes sont-ils, d'ailleurs, si détachés de leurs tétines de grands : friandises, cigarettes et autres sources de dépendances orales ?...

Comment aider son enfant à devenir responsable ?

7 ans

Christelle :

« Claire a huit ans et refuse encore de se prendre en main le matin. C'est moi qui dois l'habiller, préparer son cartable, etc. On dirait qu'elle aime bien ce rôle de princesse qui se fait servir. Avez-vous des idées qui me permettraient de la responsabiliser un peu plus ? Merci. »

Quelques situations pour responsabiliser progressivement votre fille entre six et douze ans, c'est l'âge idéal pour y parvenir car l'enfant est alors demandeur.

Pour se prendre en main, un enfant doit avoir l'intime conviction que ses parents le sentent suffisamment responsable de lui-même, comme si une petite musique intérieure lui chantait : « Je te confie la responsabilité de ta personne. » Ainsi, quand il se met à ses devoirs ou traverse la rue, il ne se sent pas seul mais accompagné de la confiance tacite que ses parents lui accordent. Sa capacité à gérer progressivement sa propre vie - son corps, ses affaires, son travail, ses relations avec les autres - va, au fil des cinq ou six années à venir, faire de grands bonds en avant. Sa raison va l'aider à mieux accepter certaines frustrations. Cela va, par exemple, de la restriction à manger des bonbons dès 19 heures parce qu'il va bientôt dîner, à savoir perdre au jeu.

Mais attention, car à cette même étape de sa vie, d'autres attitudes atténuent cette indépendance naissante. Par exemple, il fermera portes et fenêtres à double tour car l'angoisse du noir et de la nuit monte, le sentiment d'être fragile face aux guerres et à la précarité grandit. « Perforé de partout » telle une passoire, il ressent la nécessité d'être contenu par ses parents. Il a besoin de limites, de cadres et de repères stables, tels certains principes ou certaines règles éducatives qui lui serviront de points d'appui pour prendre de nouvelles responsabilités. Il faut que vous restiez ferme, tout en continuant à l'ouvrir au monde.

Conseils

Prenons le temps de détailler certaines responsabilités à lui confier.

RÉVEIL, PETIT DÉJEUNER

Pour commencer, installez dans sa chambre un réveil à chiffres lumineux.

Le week-end, proposez-lui de préparer lui-même son petit déjeuner. Une fois au point, augmentez progressivement la fréquence jusqu'à l'autonomie totale, vers onze-douze ans. Pour les plus jeunes, aménagez la cuisine de manière que les différents éléments du petit déjeuner et la vaisselle se trouvent à portée de main.

Jalonnez la matinée de repères temporels : « il reste trente minutes avant le décollage », « il reste dix minutes ». Proposez-lui de donner lui-même le signal du départ. Non seulement vous éviterez ainsi les stressantes répétitions « Attention, tu vas être en retard », mais vous lui apprendrez à anticiper sur son temps. Pour faciliter cette tâche, offrez-lui un minuteur électronique. Il sera ravi de le manipuler et s'autodisciplinera de façon plus ludique.

S'HABILLER TOUT SEUL

Mieux vaut préparer les vêtements la veille, avec les plus jeunes, avant de les laisser choisir eux-mêmes.

RANGER SA CHAMBRE, SES AFFAIRES

Ce n'est que vers six, sept ans que l'enfant est en mesure d'apprendre à ranger ses affaires de classe au fur et à mesure ou à déposer son linge sale dans le bac *ad hoc*... Encouragez-le à le faire. Pour le reste, fermez les yeux... enfin, jusqu'à un certain point.

S'il partage sa chambre avec son frère ou sa sœur, délimitez les responsabilités : « Chacun fait son lit et range son bureau, pour le reste vous finirez ensemble. »

C'est aux parents et non aux enfants de déterminer les tâches qui incombent à chacun. Prenez soin d'être équitable et de ne pas donner trop de responsabilités prématurées (souvent aux aînés) ou minimalistes (souvent aux benjamins ou aux enfants uniques).

SE LAVER SEUL

Assurez-vous qu'il est capable d'enjamber la baignoire. Sait-il utiliser le mitigeur de douche ? Sinon, programmez l'eau à bonne température.

Proposez un tapis de bain antidérapant. Il rincera la baignoire après sa douche. Et surtout apprenez-lui à ne pas prendre de risque dans la salle de bains.

FAIRE SES DEVOIRS SEUL

Comment le conduire progressivement à l'autonomie dans son travail scolaire tout en l'aidant efficacement ? Voici cinq valeurs sûres quant à l'aide parentale aux devoirs.

Plutôt que de l'assister en lui disant ce qu'il faut faire ou pire, en faisant l'exercice à sa place, conseillez-lui les petits trucs qui marchent à tous les coups : bien lire l'énoncé et s'assurer qu'il l'a compris avant de commencer le devoir, rédiger un brouillon, réfléchir à ses erreurs, relire...

Si vous sentez qu'il se décourage dans l'une ou l'autre des matières, faites appel à un tiers. Pourquoi pas le grand frère s'il est de bonne volonté ? Ou la fille du voisin, étudiante, si elle est suffisamment pédagogue?

Autre idée efficace : pendant le week-end, faire le point sur le travail de chacun des enfants. Ce rendez-vous, institutionnalisé, donne un repère temporel à l'enfant et constitue un « garde-fou ».

Il fait ses devoirs seul en attendant que vous rentriez ? Mettez au point ensemble un plan de travail : il vous appellera de retour de l'école, il goûtera, puis se mettra à sa tâche en commençant par le plus difficile, pour bénéficier d'une concentration optimale.

Si vous trouvez qu'il se déconcentre vite, proposez-lui de demeurer dans sa chambre en arrière-plan, sur son lit ou dans un fauteuil. Détendez-vous en lisant un magazine et relancez-le dans son travail lorsqu'il rêvasse. À sa demande, levez-vous pour l'aider ponctuellement et retournez à votre lecture. Votre simple présence dans la chambre lui évitera les égarements de la pensée.

ALLER ACHETER LE PAIN

Faire une course tout seul... quelle fierté mais aussi quelle responsabilité ! Préalable : qu'il sache compter et bien connaître les différentes pièces de monnaie.

Les premières fois, envoyez-le faire une course chez un marchand que vous fréquentez et qui connaît bien votre enfant.

S'il ne se sent pas prêt, n'insistez et dites-lui qu'on réessayera une autre fois.

Le téléphone portable du parent reste une valeur sûre, prêtez-le-lui pour la circonstance. À tout moment, il pourra appeler la maison : centre de secours infaillible et centre d'assistance à distance.

RESTER SEUL À LA MAISON

Accepter de rester seul à la maison signifie être autonome, avoir confiance en soi et être capable de supporter l'imprévu pendant le temps où l'adulte est absent. Tous n'y sont pas prêts car, paradoxalement, l'enfant a souvent l'impression que « son intérieur est menacé ». Cette idée traverse la tête des enfants et des ados durant une longue période ; cela est parfaitement normal et banal.

Commencez par petites étapes. Au cours de la journée, d'abord, faites une course à proximité de la maison, votre téléphone à la main. Demandez-lui de vous appeler alors que vous êtes encore sur le palier derrière la porte de la maison. Le fait de lui répondre instantanément le rassurera et il saura qu'il en sera ainsi lorsque vous serez plus loin.

Quant aux sorties du soir, lorsqu'il se sentira à l'aise pour ne plus avoir besoin de baby-sitter, procédez encore par étapes. Sortez d'abord une demi-heure, puis une heure, puis allez au cinéma à la dernière séance, etc.

Restez joignable par téléphone autant que faire se peut.

Pour une sortie la nuit, si vous avez une gardienne ou des voisins compréhensifs, prévenez-les que vous vous absentez et que votre grand enfant restera seul de telle heure à telle heure. À votre retour, jetez un œil sur lui pendant qu'il dort.

Apprenez-lui à ne pas répondre au téléphone lorsqu'il est seul à la maison (sauf si c'est vous qui appelez et, dans ce cas, après deux sonneries, raccrochez puis rappelez ; ce sera votre mode de reconnaissance). De même, il n'ouvrira jamais la porte d'entrée lorsqu'il sera seul. Le principe étant que le « monde extérieur » n'a pas à savoir qu'il n'y a pas d'adulte à la maison.

Il doit aussi savoir composer le 18, le numéro des pompiers, et le 15, le numéro des urgences médicales. Faites un essai sous la forme d'un jeu de rôle pour l'entraîner s'il devait, un jour, se servir de ces deux numéros.

GÉRER SON ARGENT DE POCHE

L'argent de poche est une petite somme que vous lui accordez sans contrepartie, comme un brin de liberté. Les premiers temps, dès sept ou huit ans, donnez-lui quelques pièces : de quoi s'acheter ses bonbons, un magazine d'enfant, de petits gadgets.

Entre chacun des enfants, même s'ils n'ont qu'un an d'écart, il est bon de marquer la différence. L'aîné devrait naturellement recevoir plus que le cadet qui, lui, recevra un peu plus que le benjamin.

TRAJET MAISON-ÉCOLE SEUL

Avant de franchir cette nouvelle étape, stimulante et nécessaire dans la vie d'un enfant, il importe de vérifier son sens des responsabilités en faisant le point sur tous les risques qui jalonneront son trajet.

À partir de huit ans, on tiendra compte de sa maturité, de la longueur du trajet, de l'éclairage de la rue durant les matins d'hiver, du nombre de magasins ouverts à cette heure-là, du caractère des autres enfants qui emprunteront ce même trajet, du nombre de rues à croiser, enfin de la présence éventuelle d'une maman de camarade ou d'un agent de la circulation. C'est seulement après cette évaluation qu'on pourra tester un enfant en le laissant se rendre seul à l'école.

Les premiers temps, il ira presque seul, un parent marchant à dix mètres derrière lui et l'enfant le sachant. Ensuite, on se postera à vingt mètres sur le trottoir d'en face. Enfin, le grand jour arrivé, suivez-le discrètement sans le lui dire. Cela vous rassurera de constater son « sans-faute ».

Une fois ces étapes réussies, on peut lâcher la bride, mais maintenir quelques accompagnements à la demande ou à l'improviste aussi. Apprenez aussi à écouter les mamans et les camarades qui se plaindraient éventuellement de son comportement durant le trajet et à confronter votre enfant à ces critiques.

À deux ans, il ne veut toujours pas marcher !

18 mois

Sara :

« Mon petit garçon Iliane, deux ans, ne veut toujours pas marcher. Dès que je le mets debout, il pleure et je ne sais plus quoi faire. »

Il est fréquent de voir les enfants commencer à marcher à partir de l'âge d'un an. Ce qui veut dire que certains bébés y parviennent dès dix mois et d'autres, plus tard. Plusieurs raisons peuvent expliquer ce retard : le poids important de certains bébés ne leur permet pas de se déplacer facilement. D'autres sont plutôt paresseux ou peu téméraires.

Il arrive que certains bébés, victimes d'une mauvaise expérience lors de premières tentatives – ils se sont cognés, ont fait une chute qui les a découragés, ou ont tout simplement peur de tomber –, ne réessayent plus avant un certain temps. Mais on voit aussi des enfants refuser de marcher avec l'idée probable de ne pas vouloir grandir de si tôt. Ils ont remarqué que les parents les portaient encore volontiers et aiment bien être tenus dans les bras. Ces enfants savent très bien se faire comprendre et même se faire assister : on fait les choses pour eux. Reconnaissons que c'est agréable de se faire servir.

Ils ont aussi constaté qu'on s'occupait davantage d'eux tant qu'ils n'étaient pas autonomes, or la marche est l'un des premiers moyens de le devenir. On se déplace à sa guise dès qu'on sait marcher. L'adulte est moins nécessaire, on s'en éloigne même, on lui échappe. L'enfant a l'impression de se soustraire à la mainmise de son parent ; il a l'illusion de devenir plus puissant.

Mais attention, la psychologie n'est pas une science exacte ; en cela, elle mérite qu'on relativise ce que l'on dit au sujet du développement de l'enfant. On a remarqué qu'il y avait une corrélation entre l'acquisition de la marche et celle du langage : un enfant qui marche tôt, vers dix ou onze mois, parlera plus tardivement qu'à l'âge habituel (deux ans). À l'inverse, un enfant qui parle prématurément (vers dix-huit mois) développera la marche plus tardivement.

J'ai donc envie de demander à la maman d'Iliane si son enfant a parlé tôt, auquel cas, cela expliquerait son retard dans l'acquisition de la marche. Enfin, lorsqu'un jeune enfant a des frères et sœurs plus âgés, il arrive qu'il préfère se distinguer en restant « le petit » de la famille. Cela lui octroie un statut particulier.

Conseils

En matière de développement de l'enfant, avant de penser à une cause psychologique, il est essentiel de vérifier avec son pédiatre si tout a été médicalement contrôlé. Cette précaution est capitale car seul le pédiatre est en mesure de dire si l'enfant va bien sur le plan moteur et psychomoteur. La tonicité musculaire, la coordination des mouvements, ses réflexes seront examinés et le médecin dira s'il s'agit d'une cause organique ou plutôt psychologique. Dans le meilleur des cas, cette cause est d'ordre psychologique, affective, relationnelle et donc tout est pour le mieux, car tout pourra se résoudre.

Pour autant, il faudra inciter l'enfant à réaliser de petits efforts de marche en l'aidant à se tenir au mobilier de la maison, en lui donnant la main, en ne le décourageant pas dès qu'il chute. Ne montrez pas que vous êtes déçu ou peiné si vous le voyez tomber. Restez calme : les chutes font partie du processus d'apprentissage de la marche. Repérez si l'enfant se fatigue lorsqu'il fait ses premiers pas et aidez-le pour qu'il ne s'épuise pas trop.

Je me souviens d'une anecdote qui s'est déroulée sous mes yeux avec un enfant d'un an qui a fait ses premiers pas dans mon bureau, en présence de sa maman. Elle ne l'avait donc jamais vu marcher avant. Il a décollé d'un coup et a dû faire une dizaine de pas, seul, sans tomber. La mère s'est levée d'un bond et a mis les mains sur sa tête. Elle était ravie, bien sûr, et très émue. Plus tard, je lui ai demandé ce à quoi elle avait pensé et elle m'a avoué : « C'est terrible, je le voyais déjà partant de la maison et m'annonçant qu'il allait vivre dans un studio ! » C'était impressionnant !

Elle a perdu son doudou

« **Nicolas :**

Alice a perdu son panda, c'est sa peluche préférée dont elle ne se sépare pourtant jamais. Elle est inconsolable. Nous ne sommes pas sûrs d'en trouver un autre identique dans le commerce. Pourquoi ce doudou était-il si important ? »

Bien que peu nombreux, certains enfants ont su grandir sans peluche, doudou ni un quelconque linge et ont parfaitement bien évolué. Mais dans la majorité des cas, les enfants ont recours à une peluche, un lange, tout autre tissu ou objet auquel ils s'attachent durant la première année, sans qu'on sache déterminer la raison de leur choix.

Cet attachement particulier à un objet permet à l'enfant de supporter l'absence ou l'indisponibilité des parents au moment où il a le plus besoin d'eux : lorsqu'ils partent travailler, lorsqu'il doit s'endormir seul, partir à l'école ou se rendre chez ses grands-parents, chez un ami ou en colonie de vacances, etc. Sa solitude face à l'obscurité et au silence de la nuit l'inquiète. Dès trois ou quatre ans, l'angoisse d'être abandonné est fréquente. Cette crainte s'accentue, en particulier la nuit, lorsqu'il n'a pas de contact verbal ou visuel avec ses parents.

Tout cela l'amène à douter de lui, à perdre confiance et le rend vulnérable. Or, l'attachement à une peluche, fidèle, douce au toucher, servant de confident intime, lui confère cette force dont il a tant besoin au moment où il se sent le plus fragile.

Conseils

Consolez comme vous le pouvez votre fille de cette perte. Peut-être que la blessure due à la perte de cette peluche l'aidera à mieux supporter les nombreuses autres qui l'attendent durant sa vie d'enfant et d'adulte. Ne recourez pas immédiatement à une peluche de rechange qui serait identique. En effet, vivre une perte durant l'enfance est formateur et endurcit. L'effort qui lui permettra de surmonter ce malheur la fera grandir. D'elle-même, elle choisira peut-être autre chose pour pallier la perte de ce panda, voire rien. Cela prouvera qu'elle s'accommode assez bien de l'absence d'un objet si précieux. L'autonomie est alors en marche...

Maman se remet à travailler

Vanessa :

« Après la naissance de mon deuxième enfant, j'ai hésité à me remettre au travail. Mais, au bout de six mois passés à la maison, entre le bébé, l'aîné, les repas, l'intendance, l'enfermement et toutes les contraintes, j'ai opté pour le retour au travail. Bien que fatiguée, je me sens plus épanouie mais je culpabilise aussi parce que je suis moins présente auprès des enfants. »

En France, 80 % des femmes travaillent. Certaines y sont obligées ; d'autres le font par choix. Encore faut-il pouvoir trouver un mode de garde, un compromis entre les horaires de bureau et la vie familiale et surtout avec le conjoint lui-même. Et comme on ne peut pas tout concilier, il faudra le plus souvent renoncer à quelque chose et sacrifier une part de ses loisirs, être moins présent auprès de ses enfants, ne plus les accompagner à l'école, rentrer à la maison fourbue en fin de journée et se sentir peu disponible... Mais, dans notre pays, bien que les systèmes de garde soient encore trop défaillants, il est néanmoins tout à fait admis qu'une femme puisse allier travail, vie de famille et loisirs. Bien d'autres pays, même en Europe, ne peuvent prétendre à cette ouverture d'esprit.

Mais qu'en disent les enfants ? Et dans quelle mesure cela les affecte-t-il ? En dehors des deux premières années, où le bébé profite pleinement d'une mère qui peut s'occuper de lui, on peut dire que, dès le vingt-quatrième mois, il s'accommode assez bien de l'absence de sa mère qui a choisi de travailler. En effet, la socialisation de l'enfant débute à deux ans, lorsqu'il est en pleine possession de la marche. Il commence alors à parler, établit ses premiers échanges sérieux avec les personnes de son entourage et toute cette richesse relationnelle l'amène à mieux supporter l'absence d'une mère au travail.

Par ailleurs, beaucoup de nourrissons ont connu la crèche ou l'assistante maternelle dès le quatrième mois de vie et se portent tout aussi bien, pour peu que l'adaptation (période au cours de laquelle on habitue l'enfant à se séparer de ses parents pour être gardé par quelqu'un d'autre) se soit bien déroulée.

Si l'employeur l'accepte, une mère pourra commencer un peu plus tard le matin pour passer un moment avec ses enfants. Certaines opteront pour un congé parental ou un mi-temps pendant quelques mois, si leurs moyens le leur permettent.

Si une femme ne parvient pas à trouver un compromis entre les contraintes professionnelles, familiales et personnelles, elle doit demander de l'aide. Le conjoint, lorsqu'il est présent, doit être mis à contribution : prendre une large part aux tâches domestiques, s'occuper un peu plus des enfants, de la cuisine ou des courses ; en résumé, il faut arriver à se faire seconder. Un père qui est présent, actif et efficace à la maison signifie à ses fils que tout ne doit pas reposer uniquement sur la femme, et donc sur leur future femme ; de la même façon, il manifeste aussi à ses filles qu'elles devront refuser de vivre avec un homme qui aurait toujours été assisté par sa mère. De même que certaines femmes sont de « bonnes ménagères », les pères peuvent aussi être de « bons ménagers ». Je constate que l'expression n'existe pas au masculin, mais nous pouvons l'instaurer ! L'équilibre et le bonheur d'un foyer reposent sur le partage des tâches dans un esprit de liberté. Tout commencera par l'exemple que nous sommes prêts à montrer à nos enfants.

La femme qui veut travailler à l'extérieur devra donc apprendre à demander de l'aide à son conjoint, à le sensibiliser à la part domestique qui lui revient dans le foyer et à insister pour le former si ses propres parents ne l'ont pas fait ! Certes les mentalités évoluent lentement, mais on a vu des hommes changer de comportement lorsque leur femme insistait en apportant des arguments rationnels et sans élever la voix pour autant.

Les hommes réfractaires au travail ménager sont passés maîtres dans l'art de faire la sourde oreille lorsqu'on leur demande de l'aide. Il faut les supplier ou bien ils s'exécutent, mais de mauvaise grâce. Comme beaucoup de femmes veulent leur dicter la manière exacte de remplir le lave-vaisselle, de préparer le biberon du bébé, de passer l'aspirateur, on ne doit pas s'étonner que certains hommes en profitent pour se montrer mauvais élèves et sont ensuite ravis d'être expulsés de la cuisine ou de la salle de bains. Or, une mère qui travaille ne peut pas tout faire à la perfection. Elle doit forcément renoncer à l'idéal qu'elle s'est fixé et se montrer moins exigeante tant avec son conjoint qu'avec elle-même. Par exemple, un père n'a pas à être une mère bis. Il est un homme, avec une sensibilité et une approche différentes auprès des enfants. Il n'est pas une femme, il n'est pas une mère! Laissez-le agir à sa manière, selon son propre tempérament.

Pour éviter de culpabiliser parce qu'elle travaille à l'extérieur et voit moins ses enfants, une mère peut aussi se convaincre que ses propres enfants, dès l'âge de six ans, seront fiers de dire à leurs camarades que leur maman travaille. Cette égalité entre ses deux parents rassure l'enfant. On a vu des enfants mentir parce qu'ils tenaient absolument à dire que leur mère travaillait. Mais il est évident que, lorsqu'une mère qui travaille culpabilise en raison du temps qu'elle soustrait à ses enfants, ces derniers le sentent très bien et en profitent pour devenir exigeants et capricieux.

Enfin, une mère qui travaille doit aussi apprendre à penser à elle. Loisirs, sorties, vacances seront bien mérités chaque fois qu'elle le pourra. C'est toute une culture du bien-être qu'il faut arriver à mettre en place.

Conseils

Laissez le père s'occuper des enfants une matinée complète au cours du week-end, et profitez-en pour penser à vous, même si c'est pour rester à la maison, pour traiter vos propres affaires.

Apprenez – et acceptez – à ne pas vous rendre indispensable dans une maison.

Décidez de passer une soirée en tête à tête avec votre conjoint, à l'extérieur ou à la maison ; mais dans ce cas, sans télévision ni musique ni téléphone. Lecture, dialogue ou même moment calme s'il le faut, mais à deux, une fois les enfants couchés.

Une dernière recommandation : dites « je travaille à l'extérieur » lorsque vous avez repris une activité professionnelle. Car, rappelons-le, les mères au foyer sont aussi des mères qui travaillent... mais à l'intérieur.

Il régresse en tout, que faire ?

4 ans

Christina :

« Depuis quelque temps, nous remarquons qu'Adrien (quatre ans) régresse en tout. Il trébuche, geint plus qu'avant, demande à manger "mouliné" et fait le bébé. Il est vrai que j'ai été peu disponible à cause de ma deuxième grossesse ; mon conjoint est pilote de ligne et notre nouvelle maison est éloignée de tout et de la famille. Avez-vous une solution ? »

Il arrive qu'un enfant évoluant normalement se mette à « faire le bébé » vers l'âge de trois ou quatre ans ou plus, sans motif apparent. Tout se passait bien jusque-là et, à la suite d'une rentrée scolaire ou d'un déménagement ou encore à cause de l'arrivée d'un frère ou d'une sœur, il se remet à « parler bébé » ou à réclamer une tétine, voire des couches. Ce phénomène de régression est bien normal dans le développement de l'enfant et devrait même rassurer les parents inquiets.

En effet, lorsqu'une période charnière se présente et que l'enfant la redoute, la régression devient un mécanisme de défense bien adapté. L'exemple de la voiture qui peine à grimper une côte est similaire : il faut rétrograder pour relancer le moteur et prendre ainsi l'élan nécessaire. Il en est de même chez un enfant : revenir à une étape antérieure, qu'il a traversée, le rassure pour pouvoir repartir de plus belle.

Il est donc normal qu'il recoure à un stade antérieur au moment où un nouveau-né vient agrandir la famille. Dans ce cas précis, la peur d'être moins aimé et choyé lui fait penser qu'en imitant un bébé très dépendant, il sera assuré des soins dont il a besoin. « Faire le bébé » est un moyen d'y parvenir, sans avoir à donner d'explications sur son état d'inquiétude. En somme, régresser, c'est agir là où la parole pourrait exprimer ses doutes et ses craintes. En effet, un petit de trois ou quatre ans ne sait pas toujours verbaliser des affects et des sentiments aussi délicats que la peur, l'angoisse ou l'inquiétude diffuse.

Prenons un autre exemple: avant d'entrer à l'école maternelle ou en primaire, l'enfant pressent tout l'investissement que ses parents et ses proches donnent à cet événement. On lui a décrit certaines étapes comme majeures, on lui a même dit: « Tu vas être un grand, maintenant » et il en vient à se demander s'il sera à la hauteur. Il a si peur de décevoir ses parents, qu'il préfère démissionner; d'où la régression qu'il utilise comme un recours, un rempart, un paravent face à la nouveauté.

Sitôt rassuré de n'être pas oublié de ses parents, après quelques semaines de régression toute relative, l'enfant abandonne vite sa panoplie de bébé et retrouve son autonomie habituelle. En définitive, lorsqu'un enfant régresse, il indique par là qu'il a pressenti la difficulté qu'il devra surmonter. Et cela est plutôt rassurant.

Conseils

En matière éducative, il est toujours préférable de rappeler à l'enfant qu'il est encore un petit et qu'il recevra toute notre attention, même s'il progresse. Dire à un enfant qu'il est « grand » pourrait le figer ou le faire régresser dans son développement; il peut penser que, maintenant qu'il est grand, il aura moins de câlins, moins d'attention. Dites plutôt « Maintenant, tu es un grand pour monter à vélo » ou « Maintenant, tu descends les escaliers seul, comme un grand ».

De grâce, ne consultez pas un psychologue à la première régression visible. Si l'enfant ne souffre pas d'une situation insupportable, s'il dort convenablement, s'il se nourrit normalement, s'il sourit et se montre joyeux, c'est que cette régression est un simple appel passager. Votre pédiatre sera à même de vous rassurer en décryptant le message.

Si, au contraire, le triptyque « sommeil-alimentation-humeur » est rompu, si les résultats scolaires chutent depuis longtemps et que l'enfant se montre en outre agressif ou découragé, le recours à un psychologue le soulagera peut-être plus rapidement.

Il refuse de prendre son bain

dès 2 ans

Bénédicte :

« Mon fils Nicolas a deux ans et demi et il ne veut plus prendre son bain. Est-ce normal ? »

Comme cette maman nous donne très peu de détails sur la personnalité de son enfant, nous pourrons difficilement interpréter ce refus.

Somme toute, il est assez classique. En effet, dès l'âge de dix-huit mois, les enfants savent s'opposer à leurs parents à propos de n'importe quel sujet : venir à table, rapporter ou ranger un objet, se coucher mais aussi aller dans le bain. Il n'est donc pas étonnant que, pour renforcer sa personnalité, Nicolas ait envie de s'opposer. En vous bravant, il prétend qu'il a un point de vue, une opinion, un avis différent du vôtre. Et c'est exactement ce qu'il cherche à exprimer : il existe bien distinctement de vous. Il est donc différent de vous. Enfin, il commence à être un peu lui-même. On peut donc tout simplement dire que cette opposition s'inscrit dans un ordre normal, classique et même attendu, de la part d'un enfant de cet âge autour d'une activité quotidienne, le bain. Il sait que cela énerve Maman et c'est ce qu'il recherche, c'est-à-dire « faire son intéressant », si l'on peut dire, auprès de vous.

Mais il peut aussi s'agir de cette résistance propre aux garçons : bon nombre d'entre eux refusent de se laver. On peut se demander s'il ne s'agit pas tout simplement de la difficulté des enfants à passer d'un état à un autre : en effet, prendre son bain implique d'arrêter l'activité dans laquelle on est plongé, un jeu par exemple ou les devoirs pour les plus âgés. Et s'interrompre implique d'admettre l'autorité de l'adulte et de s'y soumettre. Les garçons ont beaucoup de mal à céder. Ils n'aiment pas renoncer. Ils vont donc retarder l'heure du bain ou de la douche jusqu'à l'heure de dîner et espérer passer entre les gouttes, sans jeu de mots.

Enfin, si certains parents pensaient que cette difficulté exprimait un quelconque embarras à se montrer nu, puisqu'il faut se déshabiller et rester exposé au regard de l'adulte ou d'autres enfants, je dirais qu'à cet âge, deux ans et demi, l'enfant, garçon ou fille, n'éprouve pas encore la gêne due à l'intimité. Ce sentiment n'apparaît qu'aux alentours de neuf ans chez les filles et rarement avant onze ans chez les garçons.

Il s'agit donc bien d'une phase pendant laquelle votre enfant tient à vous démontrer qu'il sait s'opposer à vous maintenant qu'il a compris que ce temps du bain était important pour vous.

Conseils

Demandez à votre enfant s'il préfère que vous décidiez de l'heure du bain ou s'il souhaite le faire lui-même. Bien évidemment, vous avez deviné la réponse. Dans ce cas, donnez-lui un minuteur que vous achèterez spécialement pour lui (donc surtout pas celui de votre cuisine, puisqu'il vous appartient). Il peut décider de rester encore trois, quatre, cinq minutes à jouer avant d'aller au bain. Actionnez le minuteur et lorsque la sonnerie retentira, il ira peut-être de lui-même vous chercher pour entrer dans son bain. Attendez qu'il vienne vous le demander, ne le devancez pas. Il aura ainsi l'impression de mieux maîtriser cette activité et, grâce à cet intermédiaire qu'est le minuteur, vous serez un peu plus aidée, du moins je l'espère pour vous.

Les colonies de vacances rendent-elles l'enfant autonome ?

dès 4 ans

Fred :

« Ma femme a eu une très mauvaise expérience des colonies de vacances et personnellement, je pense que cela ne peut qu'être bénéfique pour les enfants. Quels sont les avantages, les inconvénients ? Et à quel âge peut-on les envoyer en colo ? Merci de votre réponse. »

Tout d'abord, je réponds à cette question : Oui ! Quand l'enfant part en colonie de vacances, à son retour, on remarque qu'il a passé un cap. Il revient renforcé par de nouvelles expériences. C'est la confrontation à d'autres enfants et à d'autres adultes qui le fait grandir.

Mais en préambule, j'aimerais poser deux corollaires inhérents à ce principe d'autonomie chez l'enfant :

– Dès son plus jeune âge, l'enfant a tendance à envahir tout l'espace et ce, tant que les parents ne le canalisent pas.

– Il se produit alors chez ses parents qui lui sont attachés un mouvement d'aller-retour entre deux états, « limitations » et « autonomie ».

De ces deux corollaires découlent des règles éducatives qui tantôt limitent, tantôt libèrent l'enfant. Cela pourrait se traduire par : « Je te dis non parce que je t'aime. »

C'est en dehors du milieu familial que l'enfant appréciera la qualité de son mode de vie. En rentrant de « colo », il retrouvera avec plaisir les petits plats préparés par Maman et la chaleur du foyer. L'enfant, confronté à d'autres règles éducatives, celles des moniteurs, va mieux intégrer celles de ses parents. Les règles admises en colo lui reviennent, comme un écho, confirmant ainsi la pertinence des règles parentales. Tout cela l'aide à mieux comprendre que s'autonomiser ne veut pas dire faire ce que l'on veut.

Partir en colo, c'est apprendre l'art des concessions, découvrir un esprit de groupe, s'accoutumer à partager avec des enfants du même âge et vivre ensemble des situations nouvelles. L'enfant va aussi devoir se faire accepter en s'accommodant des tempéraments des uns et des autres.

Le mode de communication est, lui aussi, capital car, face au groupe, il est parfois essentiel de se vanter ou de se taire selon les cas. Les peurs nocturnes en sont une illustration. En colo, l'enfant prend sur lui pour ne pas avouer qu'il a peur, la nuit, seul dans son lit et loin de ses parents. Le lendemain, lorsqu'il réalise qu'il ne s'est pas plaint, qu'il a bien passé le cap, il en sort grandi et s'autonomise au fur et à mesure des expériences vécues. Il aura le plaisir de revenir chez lui, un peu plus grand, un peu plus fort.

La séparation d'avec sa famille favorise aussi la socialisation puisqu'on se confronte à d'autres différents de soi. La mixité sociale permet de vivre des expériences autres et offre des souvenirs et des anecdotes mémorables. La mixité filles garçons est, elle aussi, essentielle surtout si elle n'existe pas à la maison. Cette proximité entre les deux sexes permet de se côtoyer, en s'adaptant à l'autre. C'est en colo que naissent aussi les premiers amours, loin du regard des parents.

La collectivité apporte également un vécu d'entraide, de soutien mutuel. Un individu ne peut pas faire défaut car tout le groupe compte sur lui : la solidarité est de mise.

On peut ajouter que la vie en groupe permet de vivre des expériences inhabituelles et autorise des amitiés qui, là encore, échappent au contrôle des parents. En cours d'année, il arrive qu'un enfant ait plaisir à retrouver ses « copains de colo ».

Enfin, pendant la colonie de vacances, le sentiment d'amitié n'est pas associé à l'esprit de compétition ou de réussite scolaire.

Mais, il arrive que des parents de très jeunes enfants (quatre-cinq ans), qui prétendent souhaiter l'autonomie de leur enfant partant en colo, expriment insidieusement l'inverse, c'est-à-dire leur inquiétude. L'enfant, même petit, lit toujours ces paradoxes sur le visage de ses parents. Dans ce cas, la séparation peut être vécue difficilement par l'enfant et ses parents.

Il faut souligner enfin que l'âge ne fait rien à l'affaire : l'âge réel ne correspond pas toujours au degré de maturité. Il arrive que des enfants de cinq ou six ans soient assez mûrs pour se séparer facilement de leurs parents alors que d'autres, bien plus âgés, se montreront inquiets de quitter le giron familial.

Conseils

De retour de colo, une fois que l'enfant aura raconté ses expériences diverses et variées, racontez vous aussi ce que vous avez vécu durant son absence. Cela signifiera que, même sans lui, la vie à la maison continue ; il est important qu'il l'entende de la bouche de ses parents. Il aura ainsi conscience que Papa et Maman forment un couple et ne sont pas que parents. À ce sujet, on a constaté des refus de départ en colo chez les enfants dont les parents sont en instance de séparation ou lorsqu'ils s'imaginent être le soutien indispensable d'un parent malade, dépressif ou isolé.

À son retour, enrichi par cette expérience, l'enfant aura sûrement changé... en mieux. Il prendra plus d'initiatives, voire un peu trop de libertés (qu'il faudra « recadrer »). Les parents percevront ce petit plus, indicible. Et c'est ce nouveau regard porté sur lui qui l'aidera à grandir plus et mieux.

L'argent de poche, à partir de quel âge ?

8 ans

Adèle :

« Ma fille Lucille, qui a six ans, devrait-elle avoir comme son grand frère de treize ans, un peu d'argent de poche ? Ce pourrait être une forme d'autonomie pour elle, mais surtout une source de jalousie envers son frère si elle n'a pas cet argent de poche. À quel âge peut-on commencer à en donner ? »

Tout d'abord, rappelons qu'il n'est pas obligatoire de donner de l'argent de poche à un enfant. Il faut attendre qu'il le demande. D'autre part, on ne répond pas automatiquement à cette demande. Il faut saisir cette occasion pour questionner l'enfant et vérifier s'il est assez mûr pour s'en servir, le cas échéant.

L'argent de poche est un moyen d'accéder à une certaine autonomie, faire un peu comme les adultes ou les grands. Lorsqu'on est un enfant, on va s'acheter un magazine, un jeu, des confiseries, on peut aussi offrir un cadeau (une rose pour l'anniversaire de Maman, par exemple).

Mais il n'est pas question de commencer prématurément. On peut estimer qu'on ne donne de l'argent de poche que lorsque l'enfant arrive à se représenter ce qu'est l'argent et à quoi il sert. Profitez de cette demande pour lui faire un petit cours sur ce sujet. Sait-il comment on gagne de l'argent ? Comment on retire de l'argent à la banque ? Il vaut mieux que l'enfant comprenne d'abord que l'argent des parents n'est pas, lui aussi, de l'argent de poche.

L'âge minimal serait le jour où l'enfant effectuerait facilement une addition et une soustraction, donc pas avant huit ans. En effet, il vaut mieux qu'il sache exactement ce qu'il a en poche et s'il peut s'acheter un gadget, un bonbon. Il faut aussi qu'il sache compter la monnaie que le commerçant lui aura rendue et cela n'est possible que s'il sait déjà additionner et soustraire, qu'il s'agisse de sommes minimes ou non.

Les premières expériences d'argent de poche tournent souvent autour d'une somme que l'enfant demande occasionnellement. C'est bien plus tard que cet argent de poche deviendra régulier; dans les premiers temps, toutes les semaines, puis à l'adolescence on pourra passer à une régularité mensuelle.

Conseils !

Dans une même famille, on ne donnera pas d'argent de poche aux petits sous prétexte que les grands en reçoivent déjà.

Lorsque l'on décide d'en donner pour la première fois, on précise certaines règles : cet argent ne doit pas être donné en cadeau à des amis ou à des camarades. On n'achète pas d'objets dangereux (couteau, pétard, etc.) sous peine de se priver pour longtemps de ce privilège. Enfin, il ne doit pas servir uniquement à s'acheter des confiseries.

Les premiers temps, il vaut mieux demander à l'enfant à quoi il a employé cet argent pour se rendre compte de l'usage qu'il en fait et lui expliquer à quoi il peut lui servir.

« Range ta chambre ! »

dès 4 ans

Pénélope :

« Je reconnais être très désordonnée, mais j'aimerais quand même inculquer un minimum d'ordre à ma fille de trois ans qui commence à me ressembler sur ce point. Auriez-vous des astuces pratiques à nous proposer ? »

J'aimerais poser deux *a priori* avant d'entamer ce sujet :

- Ranger n'est pas une activité instinctive chez les enfants. Les parents doivent éduquer leurs enfants pour que ce soit, un jour, acquis et opérationnel.

- Pour un enfant, l'ordre dans sa chambre, c'est la promesse de l'ordre dans sa tête !

Dès l'âge de quatre ans, un enfant peut commencer à classer, ordonner, ranger. C'est, d'ailleurs, le moment idéal pour lui faire prendre de bonnes habitudes.

Dans un premier temps, contentez-vous de lui demander de ranger avec vous ses propres jouets. Vous l'y aiderez en lui facilitant la tâche. Par exemple, dans des bacs à jouets, classez les objets d'encastrement, dans d'autres les pièces en bois, dans d'autres encore les jeux en plastique. Enfin, les boîtes de puzzles seront regroupées et les livres rangés dans sa petite bibliothèque.

Dans le même état d'esprit, pour éviter l'accumulation de jeux, jouets, objets divers comme des CD de musique, des peluches, une écharpe qui traîne, etc., inculquez-lui ce principe qui consiste à ne sortir qu'un jeu à la fois. Cela permettra de ranger le jeu précédent. Cette pratique l'aidera à mettre de l'ordre dans sa chambre tout au long de la journée.

Il arrive aussi qu'on doive, le soir venu, mettre de l'ordre dans le bazar inévitable surtout lorsqu'on a des enfants bien actifs, curieux et pas toujours dociles. Faire ce tour de la chambre, avant le coucher, l'aidera à avoir une vision claire de ce qui l'entoure et la tranquillité nécessaire à cet instant si important : l'entrée dans le sommeil. En effet, au moment de se mettre au lit, l'enfant est parfois encombré de pensées diverses qu'il doit organiser. Il ne faut pas laisser un environnement désordonné engendrer une confusion dans ses pensées. Lorsque la lumière s'éteint, il est probable qu'il soit soucieux du lendemain matin : son institutrice, sa récitation apprise ou non, ses camarades de récréation et la place qu'il tient dans son groupe d'amis, son frère ceci, sa sœur cela, la réaction de ses parents à tel exploit ou à telle bêtise qu'il a faits, etc. Tout cela mérite une certaine réflexion et un certain ordonnancement. Il n'est pas rare que l'enfant associe vision et pensée... si le paysage de sa chambre est un capharnaüm ! Un rangement minimum de l'environnement dans lequel il vit et dort clarifiera sa vision. C'est la raison pour laquelle je pense que l'ordre qu'il voit autour de lui permet de structurer son espace psychique et sa pensée. En le préparant tôt à cette discipline, on prépare en partie son avenir scolaire, voire universitaire. Plus tard, de lui-même, il aura besoin de faire le tri dans sa chambre et dans sa maison, comme s'il s'agissait de sa tête et de sa pensée. Lorsqu'on est enfant, un espace net est toujours rassurant. Ce n'est qu'à l'âge adulte que l'ordre peut déranger certaines personnes.

Conseils

Voilà quelques règles simples pour l'inciter à ranger.

Nous avons tous appris, en mathématiques, qu'il existait des ensembles et des parties. La chambre est un ensemble et ses jeux en sont les parties. Mais dans un puzzle qui est un ensemble, on trouve aussi des parties : les pièces. C'est sur ce modèle qu'on peut apprendre à un enfant à commencer à bien ranger. Les jeux de société regroupés à tel endroit spécifique, les poupées et peluches ici, dans un filet par exemple, les jeux de construction à part et les livres ou les instruments de musique à tel autre endroit, les jouets de bain près de la baignoire.

On aidera les plus jeunes enfants (après quatre ans) en leur demandant « Et ça, où est-ce que ça se met ? » Cela leur donnera peut-être l'envie de ranger l'objet eux-mêmes, pour se rendre autonomes ou pour vous faire plaisir.

Montrez à votre enfant que ranger peut être vécu comme un jeu et non comme un calvaire. Si sa chambre ressemble à un bric-à-brac, dites-lui : « On va jouer au jeu des sept erreurs. D'après toi, qu'est-ce qui ne colle pas dans cette pièce ? Il y a X erreurs à repérer. Si tu les trouves et si tu ranges, tu as gagné ! » Vous avez plus de chances d'obtenir satisfaction ainsi, qu'en répétant ou en hurlant inlassablement : « Mets ton cartable sous ton bureau », « J'en ai assez de voir tes feutres ouverts traîner sur la moquette »...

Entre sept et dix ans, l'enfant cherche à plaire à ses parents en se montrant docile, profitez-en. À l'occasion, consacrez-lui une heure pour l'aider à faire le grand rangement dans sa chambre.

Vous pouvez insister : « Tu verras comme Papa sera content ce soir quand il verra ta chambre bien rangée. » Commencez par le bureau : pourquoi a-t-il mis ses cahiers de mathématiques avec le matériel de dessin ? Selon lui, comment devrait-il organiser les matières ? De quoi a-t-il besoin en priorité ? Vous l'habituerez ainsi à établir des ponts de plus en plus logiques dans sa pensée. Faites-lui prendre conscience également qu'il ne sert à rien d'accumuler les vieux jouets dont il ne se sert plus. Il est essentiel qu'il assimile que sa chambre doit être en ordre tous les soirs avant d'aller au lit. Mais attention toutefois à ne pas avoir d'exigences démesurées car vous pourriez transformer votre progéniture en maniaque de l'ordre ou, au contraire, en futur laxiste désordonné. Après tout, un peu de désordre, c'est aussi un peu de vie, et un peu de soi exposé au regard des autres !

Je conclurai en disant d'abord que l'ordre, il ne faut pas en faire une maladie.

Secundo, l'ordre, ça s'apprend d'autant plus facilement que les parents sont eux-mêmes ordonnés...

« Attention, tu vas te faire mal ! »

Giovana :

« Mon Pierre est un vrai "casse-cou", il adore prendre des risques et on a beau le prévenir des dangers qui l'entourent, il n'en fait qu'à sa tête. À quoi sert de lui dire : "Attention, tu vas te faire mal !" si c'est pour qu'il tombe effectivement dix secondes plus tard ? »

Quel parent, en présence de son enfant turbulent, agité, n'a pas eu envie de le calmer en le prévenant de ce qui risquait d'arriver s'il jouait très près d'un escalier, d'un trottoir, ou en se balançant sur une chaise ? Combien de fois nous surprenons-nous à répéter inlassablement la même menace : « Attention, tu vas tomber ! » ou « Tu vas te couper ! » lorsque l'enfant prend un couteau par la lame ; ou encore : « Descends de là, tu vas te faire mal ! », etc.

On ne se doute pas qu'en voulant lui épargner une mauvaise expérience, on l'empêche de faire ses propres expérimentations. Bien sûr, il n'est pas question de laisser un enfant courir vers un danger imminent. Au contraire, il faut l'en empêcher à tout prix. Mais le nombre d'expériences peu dangereuses qu'il aborde en une journée est tel qu'il apprend justement à devenir autonome, avec l'aide de ses parents. Il faut souvent le prévenir du risque, voire du danger qu'il encourt, mais tout l'art et la manière de le faire peuvent tenir en une formule unique et bien plus formatrice : « Attention, tu risques de tomber, de te couper, etc. »

Cette nuance entre « tu vas » et « tu risques » est si infime qu'elle vaut la peine d'être adoptée. En effet, « tu vas... » signifie pour l'enfant : « L'adulte sait déjà ce que j'ignore moi-même, alors que c'est moi qui agis. » Aucune alternative ne lui est autorisée.

Tandis que lorsqu'on dit « tu risques de... », cela suppose que l'enfant a un choix. Le choix d'être vigilant ou de jouer le téméraire au risque de tomber et de se faire mal.

Ce libre arbitre ainsi verbalisé est parfaitement capté par l'enfant qui en fait une formule d'attention que le parent lui porte. Il se sent mieux compris dans ses mouvements et ses intentions et il entend le risque prévisible. De la sorte, il se sent libre de continuer ou de faire plus attention. Et parce qu'il a ce choix, il saura décider. À l'inverse, lorsque l'enfant se sent entravé dans ses gestes et sa parole, il ne se sent ni libre ni autonome.

Tant que le risque n'est pas vital, l'enfant a besoin de faire des expériences pour apprendre et se sentir fier d'avoir réussi par lui-même, grâce à vos encouragements. Sinon vous baliserez trop le chemin, soumis à votre vigilance il prendra beaucoup moins d'initiatives.

Nous cherchons tous à avoir des enfants libres et autonomes dans la perspective de leur avenir, mais nos formulations les entravent et les maintiennent sous notre contrôle; est-ce par crainte de les voir évoluer facilement et trop vite?

Conseils

Apprenez à dire « tu risques de ... » ; à table : « Tu préfères une grande part ou une petite part ? » ; avant d'aller au square : « Qu'est-ce que tu as envie d'emporter comme jeux aujourd'hui ? » ; lorsque l'on sort et qu'il fait froid : « Je te conseille de bien fermer ton manteau » ; au pied d'un toboggan : « Essaye et si tu n'y arrives pas, ce n'est pas grave », etc.

Alors que si vous dites « tu vas... », vous émettez une prophétie autoréalisatrice et l'enfant n'a plus d'initiative propre. S'il tombe après avoir joué au bord de l'escalier, il se dira que c'est normal puisque Maman l'avait prévu : elle avait dit « Tu vas tomber ». En revanche, si vous dites « tu risques... », vous lui laissez le choix. L'enfant se sent libre d'échouer ou de réussir, par lui-même et ce, grâce à vous. À vous de jouer !

À partir de quel âge le premier surf (sur Internet) ?

8 ans

Charles :

« Mon fils aîné de six ans s'est retrouvé, avec ses cousins plus âgés, à surfer avec eux sur internet. Ils ont dû faire une mauvaise "manip" et se sont retrouvés sur un site "un peu léger". À partir de quel âge les enfants sont-ils suffisamment autonomes pour surfer en toute sécurité ? »

Internet peut être comparé à un couteau. C'est un outil utilitaire, mais qui peut blesser lorsqu'on s'en sert mal. Qui aurait l'idée de confier un couteau en guise de jeu à son enfant ?

Avec les jeunes enfants, certains loisirs comme Internet ne devraient être utilisés qu'en compagnie d'adulte ou de grands frères et de grandes sœurs bienveillants. Mais pour éviter tout risque de débordement en cas de surf ou de mauvaise manipulation, mieux vaut recourir à un logiciel de contrôle parental. On y trouvera une série d'outils tels qu'un filtre évitant à certaines pages suspectes de s'afficher. Le parent pourra régler la graduation des pages à tolérer ou non.

Par exemple, on laissera apparaître une page traitant de l'anatomie sexuelle du garçon ou de la fille, mais on proscrira les sites érotiques ou « plus ». On autorisera certains jeux éducatifs ou ludiques et on interdira les jeux de hasard ou d'argent. Les sites des sectes ou même de certaines idéologies peuvent être filtrés et ne jamais apparaître. Enfin, il existe une fonction permettant d'accéder à l'historique des sites visités. Il ne faut pas se priver d'aller y faire un tour. Aux parents qui hésiteraient à contrôler l'accès à Internet, je répondrais que nous avons tous une ou deux serrures à la porte d'entrée de notre maison. Vous devinez la suite de ma pensée...

En revanche, Internet est aussi un merveilleux outil de recherche, d'instruction et de loisir qu'il serait dommage d'interdire. Encore faut-il que l'enfant ait les capacités d'en maîtriser les nuances. Sait-il lire ? Sait-il se servir d'une souris ? Sait-il ce qu'il recherche ou veut-il imiter ses parents et ses frères et sœurs aînés butinant sur la Toile ? Saura-t-il vous parler de ce qu'il fait sur Internet ? Toutes les réponses à ces questions déterminent de fait l'âge d'utilisation de cet instrument magique, à savoir pas avant sept ou huit ans.

Conseils !

Ne pas confondre ordinateur et Internet.

Le premier est un instrument ludique et éducatif, le second est une fenêtre ouverte sur le monde. Ne laissons pas nos très jeunes enfants se pencher à la fenêtre…

Troubles

Troubles du sommeil

Elle a dû faire un cauchemar

1 an

Bérénice :

« Eva, qui a un peu moins d'un an, me réveille régulièrement la nuit parce qu'elle fait des cauchemars. Comment savoir si elle joue la comédie ? On a l'impression que ces cauchemars sont plus fréquents à certaines périodes. »

Votre fille vient de passer cette phase essentielle à son développement que constitue l'angoisse dite du huitième mois.

Aux alentours du huitième mois, le nourrisson comprend progressivement qu'il est un être à part entière, distinct de sa mère. Il constate que ce qui lui réussit si aisément - se nourrir, se sentir au chaud, être propre, être bercé et dorloté - ne peut avoir lieu sans l'aide des parents qui le maternent.

À l'âge d'un an, il comprend combien il est isolé sans eux. Le manque d'autonomie et sa dépendance totale aux adultes sont patents.

C'est pourquoi votre fille est encore sous le choc de ce constat. Elle a compris que sans vous (et son père), elle est impuissante. C'est justement le constat amer de cette dépendance réelle qui la fige et la déprime un peu. Cette période délicate, attendue, s'avère salutaire bien évidemment, dans le cadre de l'évolution psychologique du jeune enfant. Lorsqu'un enfant de huit à douze mois réalise enfin cela, il en est perturbé. Dépendre d'autrui a toujours été un problème pour chacun d'entre nous. Et ce que rencontre votre fille aujourd'hui n'est rien d'autre que la perception de sa première dépendance. Cela la fragilise et elle le manifeste durant son sommeil, au point d'en être perturbée par des cauchemars la nuit. Tout ceci est la preuve que votre enfant a bien pris acte de sa vulnérabilité de bébé et qu'elle vous restera forcément attachée ; elle a compris que, sans vous, elle ne peut rien.

Ces cauchemars constituent, en somme, un « accusé de réception » indiquant que votre fille se constitue individuellement et bien distinctement de vous. Si tel n'était pas le cas, nous serions dans le rapport fusionnel mère-enfant. Pour elle, il n'y a rien d'autre à faire que de supporter ses cauchemars. Ne vous culpabilisez donc pas.

Conseils

Tout au plus, lorsqu'elle s'agite durant son sommeil, caressez-la doucement, sans la réveiller, parlez-lui de votre voix la plus douce pour qu'elle ressente votre présence rassurante et laissez-la se rendormir.

Supporter de ne pas tout réussir pour son enfant, n'est-ce pas le lot des parents ?

Les difficultés à l'endormissement

2-4 ans

Plusieurs questions qui nous sont parvenues tournent autour de cette thématique. J'en ai recueilli trois qui sont un reflet fidèle de toutes les autres.

Virginie :

« Notre fille, Ana, quinze mois, ne veut plus dormir dans son lit. Elle ne s'endort pas avant minuit, voire 2 heures du matin. Nous ne savons plus quoi faire : la laisser pleurer ne change rien et la gronder non plus. Une pédiatre nous avait conseillé de la prendre dans notre lit dès qu'elle pleurait ; on ne lui a donc jamais appris à s'endormir seule. Nous n'avons plus de vie de couple, nous sommes perdus, fatigués.Que faire ? »

Joudita :

« Ma fille va avoir deux ans, elle ne dort pas beaucoup et préfère jouer la nuit. Elle peut tenir jusqu'à 2 heures du matin et se réveiller à 8 heures. Est-ce normal ? J'ajoute qu'elle a de l'énergie à revendre pendant toute la journée. Et cela dure depuis des mois. Je m'inquiète pour sa santé. »

Nicole :

« Comment apprendre à notre enfant de trois ans à dormir enfin seul dans son lit ? »

La question du sommeil chez l'enfant fait partie des fonctions vitales qui influent énormément sur le développement psychologique des enfants. Il est donc essentiel d'y consacrer une réponse détaillée. Je précise qu'une bonne partie des courriels qui nous sont adressés tournent autour des troubles du sommeil.

La question de Virginie concerne plus précisément la difficulté d'endormissement.

Rappelons que le sommeil peut être une source de plaisir puisqu'il permet de se reposer, de se régénérer et d'évacuer une partie des tensions psychiques qui n'ont pu trouver une issue au cours de la journée. Ce que j'avance là concerne autant les adultes que les enfants.

Mais certains enfants ne l'entendent pas de la sorte, car le sommeil implique, aussi, d'être séparé de ses parents, de rester dans sa chambre, parfois seul, souvent dans le noir et sans aucun bruit. C'est précisément ce silence et cette absence d'activité que redoute l'enfant, car il les associe volontiers à quelque chose d'étrange.

On peut le comprendre : tout est noir ou obscur, il peut donc arriver quelque chose ou quelqu'un sans qu'on le voie. L'ambiance est silencieuse et cela permet d'interpréter tous les bruits comme des signes bizarres ou menaçants : « Les parents ne sont plus là, peut-être ont-ils quitté la maison » ; « Si un animal vient me dévorer, personne ne pourra me protéger puisque mes parents dorment ». La solitude le fragilise.

Les premières peurs de s'endormir arrivent vers dix-huit mois. Pourquoi ? Parce qu'à cet âge, l'enfant commence à acquérir les prémices de sa personnalité. Il dit non à tout et s'oppose systématiquement à tout ce que ses parents lui proposent. En fait, il veut les provoquer en insinuant qu'il a un point de vue différent du leur. Cela lui permet de se différencier d'eux et c'est sa manière d'exister à part entière. Un enfant qui accède à cette phase dite de « l'opposition systématique » est un enfant qui évoluera bien.

Mais cette opposition aux parents, et aux adultes en général, est épuisante : pour l'enfant, car il déploie des efforts énormes pour batailler et contrer les adultes, pour les parents car il faut tout négocier et parfois sévir lorsque l'enfant s'entête bêtement. Cela produit des heurts, des fâcheries et des conflits fréquents. L'enfant, conscient qu'il a exagéré, qu'il a poussé ses parents à bout, le regrette un peu, car pendant qu'il est grondé, il se sent moins aimé, moins câliné. Il a peur de perdre l'affection de ses parents et ressent de la culpabilité. Celle-ci ne pouvant être trop longtemps contenue en lui, il cherche à l'expulser; il va donc s'infliger des autopunitions pour réussir à extérioriser la peine qu'il ressent de les avoir tant fâchés. Grâce à son imaginaire déjà fertile, il convoque dans sa tête des monstres, des animaux féroces, des choses terrifiantes qui vont le menacer, lui faire peur, l'empêcher de dormir tranquille.

On peut s'interroger sur les raisons qui poussent l'enfant à se faire si peur, si mal. En fait, ce stratagème, comme tous les symptômes psychiques, possède un bénéfice secondaire, celui d'affranchir l'enfant de tout ce qu'il a infligé à ses parents et également de se rappeler qu'il n'est qu'un enfant, faible, fragile et vulnérable. Lui qui disait non à tout dans la journée, se montrait capricieux, se sentait si fort, si grand et tout-puissant, à l'inverse, lorsque la nuit tombe, seul face au noir et aux heures d'attente avant le lever du jour, comprend sa fragilité. Il ressent ce qui est vrai et réel: ses parents sont forts et lui est faible.

On est sauvé! Il se résigne enfin et fait allégeance à l'autorité parentale.

C'est tout ce stratagème complexe qui s'opère lorsque la peur de s'endormir envahit l'enfant.

Cette difficulté à l'endormissement est fréquente (voire obligatoire) à trois moments connus du développement de l'enfant: à deux ans, première étape que l'on vient de présenter. À quatre ans, phase au cours de laquelle l'enfant vient de terminer de rassembler le noyau de sa future personnalité. Et à huit ans, âge à partir duquel l'enfant cesse de fonctionner sur un mode imaginaire et entre de plain-pied dans un monde réel et concret.

Rappelez-vous: deux ans, quatre ans et huit ans. C'est simple à mémoriser: 2 x 4 = 8.

Conseils

• Comme pour toutes les fonctions essentielles (alimentation, sommeil, etc.), il convient d'en parler au pédiatre de l'enfant. Lui seul saura déterminer s'il souffre d'une affection l'empêchant de dormir à une heure normale. Si le pédiatre ne trouve rien d'inquiétant sur le plan physique, il est alors possible qu'un sujet particulier et propre à la famille inquiète l'enfant : disputes conjugales, absence d'un des parents à l'heure du coucher, suspicion de maladie grave, déménagement, etc.

• Comme l'alimentation, le sommeil est l'une des fonctions primordiales chez les enfants et les adultes. À ce titre, il est essentiel de montrer à son enfant la nécessité et le plaisir que l'on peut trouver dans le sommeil. Parlez-en en termes agréables et positifs.

• Indiquez à votre enfant que, vous aussi, avez sûrement dû traverser des périodes de difficultés à vous endormir, mais que cela ne vous a pas empêché de grandir et de devenir un adulte. Il faut donc qu'il supporte ce passage difficile. Il est toujours plus aisé de demander un effort à un enfant lorsqu'on a reconnu que ce qu'il traverse est difficile pour lui. Face à cette difficulté à l'endormissement, soyez vous-même convaincu que cette étape que franchit votre enfant est momentanée, même si elle est difficile pour lui et pour vous.

• Attention au débordement d'excitation au moment de se coucher, cela ne fait que retarder l'heure du sommeil. Il faut éviter les jeux physiques, de mettre de la musique trop forte, d'augmenter le volume du son de la télé ou même de se comporter comme on le fait au cours de la journée. Dès 20 heures, les activités doivent diminuer d'intensité pour amener progressivement l'enfant vers le calme et le silence dont il a besoin pour trouver le sommeil. Mais les activités des adultes, elles, se poursuivent ; cela rassure l'enfant.

• S'il vous demande de laisser lumière et porte ouvertes, acceptez parce qu'il a besoin de sentir que la maison vit au moment où lui va s'endormir. Il espère qu'on veillera sur lui au moment où sa vigilance va baisser. On évitera à tout prix de donner des somnifères à des enfants, sauf indication médicale.

• La sieste de l'après-midi, trop longue, peut perturber l'entrée dans le sommeil, la nuit. Il est probable que ce soit le cas de la fille de Joudita. Bien que réparatrice, veillez à ce qu'elle ne soit pas trop importante pour que l'enfant soit suffisamment fatigué vers 20 heures et demande, de lui-même, à aller au lit. Vous imaginez votre enfant vous supplier pour aller au lit ? Quel bonheur ! Après tout, on a le droit de rêver.

• Voyons maintenant la question posée par Nicole : « Apprendre à notre enfant à dormir enfin seul ».

Le propos consiste à aider son enfant à dormir seul, dans son lit. C'est une difficulté qui existe depuis la nuit des temps. Je pense qu'il faudrait poser la question autrement : « Comment lui apprendre à se séparer de moi, sa maman ? » C'est plutôt cette entreprise qui est à l'ordre du jour. Exister loin de l'être aimé et continuer à se sentir aimé, néanmoins ; voilà tout l'enjeu. Pour cela, je renvoie à la lecture du chapire « Autonomie », p. 145.

Tout d'abord, il faut que la mère soit convaincue que l'enfant doit se séparer d'elle pendant la nuit pour son bien à lui. Sinon, elle induit chez l'enfant une peur qui n'a pas lieu d'être. Un enfant doit apprendre à dormir seul, sauf en cas de surveillance spécifique à la suite d'une maladie. Ensuite, il faut admettre que, pour un enfant, il est peut-être difficile de dormir seul dans sa chambre. Le fait de le reconnaître est nécessaire pour qu'il accepte les conseils que vous lui donnerez par la suite. Dites-lui que, dorénavant, vous le rassurerez à distance, par la voix, sans vous déplacer à son chevet.

Dans ce cas encore, répétons-le, vous pouvez accepter de laisser une lumière tamisée dans sa chambre s'il le souhaite et laisser la porte entrouverte. Les bruits de la maison, à l'heure du coucher, le rassurent parce qu'ils lui indiquent que vous êtes encore éveillée et que vous veillez donc sur lui.

S'il traverse une période de cauchemars, somme toute fréquente à deux ans, rassurez-le en lui disant que c'est dans sa tête ; reconnaissez que cela fait peur mais qu'il n'y a rien de grave. Faites-lui des câlins et parlez-lui de ce que vous ferez le lendemain, comme pour lui promettre un avenir plus actif et réaliste que le silence et la solitude qui l'attendent durant la nuit.

Enfin, supportez qu'il pleure un peu avant d'aller le voir dans sa chambre. Lorsque l'on est parent, on prend son mal en patience en se disant que ce sont certaines peurs qui font aussi grandir nos enfants et qui, plus tard, les rendront courageux.

• À Virginie (à propos de sa fille de quinze mois qui est légèrement précoce sur ce plan), je conseillerais de lui parler.

Malgré son très jeune âge, elle comprendra l'intention des propos. Dites-lui que, pour son bien et le vôtre, il faut qu'elle apprenne à s'endormir seule, que vous allez de moins en moins venir la voir dans son lit. Progressivement, vous mettrez plus de temps à aller à son chevet lorsqu'elle demandera à être rassurée. Lorsqu'elle vous appellera en pleine nuit, ne vous précipitez pas. De loin, parlez-lui calmement ; cette manière de faire lui indiquera qu'elle ne court aucun danger. D'une voix douce et contenante, rassurez-la et dites-lui que vous venez un petit moment mais que vous allez bientôt repartir. Si vous en avez envie, faites-lui un énième câlin, une caresse apaisante, chantez-lui une berceuse à voix basse... Mais soyez ferme et sûre de vous lorsque vous quitterez sa chambre. Lorsqu'on lui dit qu'on part, on part !

Ultime remarque : on peut difficilement promettre que ces conseils fonctionneront à 100 %. Un enfant, c'est compliqué à comprendre et à rassurer. Il faut savoir que, lorsqu'on est parent, on fait ce que l'on peut. Ce qui a réussi pour les uns risque de ne pas convenir pour d'autres. Alors je dis : « Bon courage » et ne perdez pas espoir. De toute manière, il n'existe pas de parent idéal. On est sauvé !

Il ne veut pas s'endormir seul

4 ans

Réda :

« Depuis plusieurs mois, nous avons l'impression que notre fils de quatre ans et demi nous fait tourner en bourrique : il refuse de s'endormir seul. Ma femme et moi nous relayons dans la chambre jusqu'à ce que, épuisé par le sommeil, il nous libère. Ça ne peut plus durer ! Avez-vous un remède miracle ? »

Le sommeil, comme l'alimentation et la bonne humeur, fait partie du triptyque des trois fonctions essentielles de bonne santé d'un enfant. À ce titre, il faut y veiller plus que tout.

À l'âge de votre fils, il est normal qu'il rencontre une difficulté au moment de l'endormissement. Les enfants, jusqu'à huit ans, sont volontiers téméraires et se sentent tout-puissants, garçons comme filles. Ils sont dans l'illusion de pouvoir agir sur le monde comme bon leur semble. C'est ainsi qu'un simple bâton devient une épée laser, une petite voiture se transforme en bolide dans leurs jeux. Ils veulent traverser la rue sans nous donner la main, tout faire seuls : ils sont encore les « rois du monde ». Or, cette pensée magique, qui les rend omnipotents, se heurte à la réalité lorsque la nuit tombe. Seuls, dans le noir, dans leur lit, au moment de dormir, ils sont bien obligés d'admettre que d'autres forces les gouvernent, celles des grands. Je pense au loup, au monstre, au fantôme, à la sorcière. Pratiquement tous les enfants normaux passent par là et se choisissent un personnage humanoïde ou animal dont ils ont peur et qui viendra les hanter à l'heure où ils sont le plus vulnérables. L'insomnie dure parfois des heures et c'est épuisé de fatigue que l'enfant daignera lâcher le monde de veille pour le monde du sommeil.

L'enfant redoute la nuit parce qu'il ne sait pas ce qu'il va lui arriver s'il s'abandonne au sommeil. Ne dit-on pas « dormir, c'est mourir un peu » ? Si ses parents ne sont plus disponibles, il se sent comme abandonné et ne sait plus qui il est sans eux.

Bien que masqué, cet aveu de faiblesse et de fragilité le taraude toutes les nuits et le tient éveillé. Cette angoisse est, en définitive, salutaire car l'enfant, par son imagination débordante, est prince le jour et simple mortel la nuit venue. Cette humilité le replace dans la triste réalité qu'il doit intégrer, jour après jour : « Je ne suis qu'un enfant, encore dépendant, et pas autonome comme je le voudrais. »

Conseils

Dites-lui qu'à son âge, tous les adultes ont dû traverser cette période pénible de recherche de sommeil. Faites-lui savoir que vous aussi avez eu peur comme lui, même si vous ne vous en souvenez plus aujourd'hui, ce qui prouve que cela va passer et qu'il pourra grandir comme vous et devenir fort et courageux. Dans le creux de l'oreille, confiez-lui qu'il doit se souvenir de cette angoisse, afin d'en parler lui aussi à ses enfants, le jour venu, pour les encourager comme vous le faites.

Et enfin, sachez qu'il n'y a pas d'autre remède que de traverser une étape aussi essentielle au développement d'un enfant. Lui épargner ce pénible moment reviendrait à le fragiliser pour affronter la vie. Après l'avoir ainsi rassuré, vous pourrez quitter sa chambre et regagner la vôtre... Tout en étant conscient que cela ne sera pas forcément efficace du premier coup.

Les insomnies dues à la peur

2-4 ans

Catherine :

« Mon garçon, Ilias, trois ans et demi, ne dort pas toute la nuit dans son lit. Il vient me rejoindre, car mon mari travaille de nuit. J'ai lutté dès le début pour le ramener dans son lit. Parfois, pour ne pas interrompre son sommeil, je préfère qu'il commence sa nuit dans le mien. Je sais que cela ne peut plus continuer, mais j'ai l'impression qu'il a peur. J'ai essayé les veilleuses, mais celle du couloir l'aide à venir me rejoindre dans ma chambre ! Il dit faire des cauchemars et qu'il a peur des monstres et du noir. »

Nous avons déjà répondu à ce type de question concernant la difficulté qu'ont les enfants au moment de s'endormir. (Voir pages précédentes).

Mais je profite de ce que Catherine s'adresse à nous aujourd'hui pour expliquer le phénomène de la peur, que ce soit la peur de lâcher la main de Maman dans la rue ou que ce soit la peur de dormir seul, voire de rester seul dans une chambre dans la journée.

Depuis que l'humanité existe, les hommes ont peur. Ils ont peur le jour et plus encore la nuit. Il est tout à fait normal qu'un enfant ait peur. Ce phénomène constitue un réflexe de survie : face à un danger, réel ou supposé, l'individu ne s'avance pas trop, par mesure d'autoprotection.

Entre deux et six ans, il est fréquent que les enfants n'évaluent pas bien le danger qui les guette et c'est à ce moment-là que des accidents domestiques (ou extérieurs) arrivent. On peut citer les diverses brûlures, les produits toxiques, les accidents dus aux animaux, le danger des piscines ou encore les enfants qui se perdent parce qu'ils ont échappé à la vigilance des adultes. Entre deux et six ans, l'enfant apprécie d'autant plus mal les dangers qu'il traverse une phase typique de survalorisation de lui-même où il se sent tout-puissant et pense que rien ne l'atteindra. Il peut donc se mettre en danger. Les parents doivent compenser cette inconscience en redoublant de surveillance.

Le tempérament du jeune enfant est souvent déroutant, car tantôt il est un peu kamikaze, (lorsqu'il traverse la phase d'opposition systématique pendant laquelle il fait des caprices et prend des risques inconsidérés) tantôt ce même enfant se met à avoir peur la nuit venue.

Alors, il se montre téméraire le jour et, la nuit, au moment de dormir, il devient fragile et demande à être accompagné. Il se lève, va voir les parents ou bien supplie de dormir dans leur lit et n'accepte de retourner dans le sien qu'une fois endormi. Autrement dit, il ne veut pas savoir qu'il est seul dans sa chambre, dans le noir, et livré à on ne sait quels monstres. Car ce sont eux qui occupent ses pensées : monstre, ogre, loup, sorcière, fantôme et même voleur qui viendraient le dévorer ou le kidnapper.

Pourquoi ce revirement de situation en peu de temps : dans la journée il est grand et fort et la nuit, faible et fragile ? Mon explication est que l'enfant – un être déjà bien intelligent – réussit, dans une même journée, à passer de la force à la faiblesse. Il est vrai qu'on lui demande d'être fort, de supporter ceci et cela, d'aller à l'école, de respecter les règles, d'être sage, d'obéir, de cesser les caprices, en un mot... de grandir. Mais il n'est pas dupe et sait qu'il n'est qu'un enfant : face à un monstre, il ne pourra rien.

Vous allez me répondre : « Mais justement, il n'y a pas de monstre dans sa chambre. » C'est vrai, pour nous, adultes, il n'y a pas de monstre. Mais lui a envie d'en voir, des monstres. Il est même persuadé qu'ils sont là. Les ombres dans sa chambre, les bruits, le rideau qui a bougé... Il invente des signes et se construit une histoire où, cette fois, c'est lui qui est le petit, fragile et sans force face à ce monstre, ce fantôme ou ce loup.

De la sorte, il redevient petit alors qu'il prétendait être grand. Il revient à une position plus juste. Il rétablit une certaine vérité et rééquilibre les positions de chacun : « Moi, petit, j'ai peur et mes parents, adultes, grands et forts, sont là pour me protéger. » C'est en cela que la peur de l'enfant, avant de s'endormir, a quelque chose d'ingénieux. Il n'est pas si dupe. Tout cet air, qui lui a permis de « gonfler son personnage », se vide lorsqu'il est question de rester seul pour quelques heures. Cette vérité rétablie fait de lui un être petit, certes, mais éminemment sensé. Il retrouve sa place de petit. Le jour, on s'essaye à jouer au grand et la nuit, on redevient petit. Ainsi, par cette répétition incessante, l'enfant apprend à passer de la vie imaginaire à la vie réelle et réaliste. Le jour, grand et fort (Superman) et la nuit, petit et faible.

On voit bien, dans ce cas, que la peur a une fonction de régulation des forces et des faiblesses que ressent l'enfant. Il est impératif qu'il traverse des périodes de peur, même longues, durant son développement pour ne plus avoir à les revivre à l'adolescence et à l'âge adulte. Tantôt elles l'inciteront à s'exposer à un danger, tantôt elles lui permettront de minimiser les prétentions du Superman qu'il n'est pas.

Ôter le sentiment de peur à un enfant (si tant est qu'on le puisse) serait une aberration, car on le livrerait à de multiples risques comme, par exemple, celui d'un enfant de deux ans face au danger d'une falaise.

Je terminerai par l'image suivante : avoir peur est comparable à s'engager dans un tunnel dont on vient de fermer la porte par laquelle on est entré. La seule sortie est celle du fond, par laquelle on perçoit la lumière. Il faut donc traverser tout le tunnel pour devenir libre, autonome et courageux.

Mais un souci demeure : l'enfant lui-même ne sait pas qu'il a peur. Il sent bien inconsciemment qu'il redoute quelque chose ; il est agité, angoissé, prétend qu'il n'a pas sommeil, invente des prétextes, etc. En fait, il ne sait pas qu'il a peur. C'est la raison pour laquelle cette angoisse n'émerge pas et reste sourde. Elle gronde en lui, toutes les nuits. Il faut donc le soulager. Si votre enfant vous agace par sa témérité durant la journée, il devient tendre et sensible la nuit quand il a besoin de vous.

Conseils

Vous-même, ne vous inquiétez pas de ce constat. Dites-vous que par ce phénomène de la peur, votre enfant se vaccine pour grandir. On peut l'aider, le soutenir, mais on ne pourra jamais lui éviter de s'affronter aux peurs qui l'attendent et c'est tant mieux.

Les terreurs nocturnes

2 ans

Olivier :

« Emma, qui a deux ans, se réveille en pleine nuit en hurlant comme si quelqu'un l'attaquait. Elle a les yeux ouverts, se débat et on n'arrive pas à la calmer. Puis elle se rendort comme si de rien n'était. C'est très impressionnant et cela nous inquiète. Merci pour votre réponse. »

Tandis qu'un cauchemar survient souvent à la suite d'une contrariété manifeste ou latente chez l'enfant, il est difficile de prévoir les terreurs nocturnes.

Il s'agit d'un trouble particulier du sommeil. L'enfant hurle en pleine nuit alors qu'il dort, se débat le plus souvent et semble vivre complètement la scène qu'il est en train de rêver. Ses cris sont tels que les parents arrivent, inquiets et impuissants à le calmer ; puisque l'enfant ne se réveille pas (contrairement au cauchemar), il est inaccessible aux soins et à leurs conseils. L'enfant garde souvent les yeux ouverts avec le regard vague et donne l'illusion d'être réveillé. Cela trompe les parents qui se mettent à lui parler, comme en journée, en lui posant des questions ou en lui prodiguant des conseils. Mais il n'entend rien et reste dans la scène qui le terrifie (d'où le nom de terreur). Mieux, il ne reconnaît pas ses parents. Il transpire, il est essoufflé et son cœur bat vite.

Sur le plan physiologique, l'enfant bascule d'une phase de sommeil très profond dans une phase de sommeil paradoxal. La transition entre ces deux phases s'articule mal et l'enfant se retrouve, dans cet état intermédiaire, en pleine agitation.

Les terreurs nocturnes sont sans gravité. Elles sont fréquentes entre trois et six ans, âge durant lequel l'enfant est en opposition systématique à ses parents, et au cours duquel il traverse de nombreux stades d'évolution psychique qui le perturbent tout en le faisant paradoxalement avancer.

Conseils

Il y a peu de conseils à donner, car rien ou presque ne calme l'enfant. Restez à ses côtés et attendez quelques minutes que la crise passe. Il ne faut pas le réveiller car il est dans un état proche du somnambulisme. Si, le lendemain matin, vous lui rappelez ce qui lui est arrivé, il ne se souviendra de rien (à la différence du cauchemar).

Elle a huit ans et ne peut plus dormir seule

Marley :

« Ma fille de huit ans se réveille la nuit et nous rejoint dans notre lit ou bien va dormir dans le lit de sa petite sœur. Que faire à cet âge ? »

À huit ans, tous les enfants ou presque connaissent une période de difficultés à l'endormissement. Il peut aussi s'agir d'insomnie : après un cycle de sommeil, l'enfant se réveille et a du mal à se rendormir. Essayons de comprendre ce qui se passe.

À cet âge, l'enfant a connu une très longue période durant laquelle il a beaucoup pensé le monde, principalement sur un mode imaginaire. Or, la réalité concrète, la réalité sociale, ses parents, ses enseignants, les adultes et la vie quotidienne l'amènent petit à petit à considérer le monde réel comme son futur mode de pensée. Il y vient tout doucement. C'est comme s'il y avait un fondu enchaîné entre la pensée magique du monde imaginaire et le monde bien réel qu'il intègre et dont il a besoin pour évoluer et ne pas rester enfant à l'âge adulte. Ce temps de transition entre les deux modes de pensée et de fonctionnement peut être long pour certains et court pour d'autres. Toujours est-il que cela demande un certain effort aux enfants d'abandonner partiellement le monde imaginaire pour celui, improbable, des adultes. Et ce, d'autant plus que ce monde d'adultes auquel ils doivent peu à peu se conformer n'est pas des plus sympathiques à leurs yeux. À cet âge-là, ils savent que les guerres existent, de même que le chômage, les divorces, les clochards, les voyous, les rackets, l'argent qui manque si l'on devient pauvre, etc. La liste serait longue à dresser des divers fléaux autour du dénuement et de la fragilité auxquels l'enfant lucide de huit ans est confronté. Il se rend bien compte que ses rêves de force, de toute-puissance, de monde paradisiaque ne le protégeront pas de cette réalité qui s'ouvre à ses yeux. Il se sent donc très fragile et dépendant.

La nuit, à l'heure de se coucher, il a le temps de repenser à tout cela. Cela se fait, le plus souvent, à son insu. Il imagine les pires choses qui pourraient lui arriver et se rend à l'évidence que sans la protection de ses parents, il est impuissant. Et pour rendre plus terrible cette évidence, il s'invente un scénario chargé d'angoisse, souvent le même, qui tourne autour d'un thème central : « Un voleur pénètre dans la maison, il immobilise mes parents puis se charge de me voler, de me kidnapper. » Commence alors l'angoisse qui consiste à imaginer son impuissance. Lui qui, jusqu'à il y a peu, avait des velléités de puissance et d'indépendance, est déçu mais réaliste : « Sans mes parents, point de salut ! » C'est pourquoi il a imaginé ce scénario du voleur d'enfant, dans le but exclusif de se conforter dans l'idée qu'il se trouve encore très bien sous la dépendance et la protection de ses parents. Il s'est imaginé le pire et préfère donc faire allégeance à l'autorité exercée par les parents. On pourrait dire qu'il « rentre dans le rang ».

Il est probable que votre fille soit réveillée par de pareilles idées ou cauchemars, ce qui, selon moi, est tout à fait salutaire, malgré les inconvénients qui en découlent.

Conseils !

Rassurez votre fille en lui disant qu'à son âge, vous aussi êtes passée par là. Cela ne vous a pas empêchée de devenir adulte.

Cette phase de peurs nocturnes causant des insomnies est quasi normale. C'est d'ailleurs en la dépassant que l'on évolue et que l'on progresse en termes de maturité psychique.

Il n'y a rien de particulier à faire que de demander à votre fille de retourner dans son lit, d'apprendre à supporter ses peurs pour qu'elle puisse enfin les dépasser, les surpasser.

Ne vous moquez pas d'elle ; montrez-lui, au contraire, que vous avez confiance en elle et que vous êtes même fière d'elle.

Il n'y a aucune contre-indication à ce qu'elle se protège en allant rejoindre sa petite sœur dans son lit.

Troubles du comportement alimentaire

Le sevrage est-il toujours une épreuve ?

3-8 mois

Dalinda :

« Dois-je consulter un nutritionniste pour ma fille Hinde, âgée de sept mois, qui refuse toute alimentation autre que le biberon ? Elle pleure à chaque essai et fait une crise terrible. »

Il s'agit là du sevrage du biberon pour faire passer le bébé de l'alimentation exclusivement lactée aux aliments moulinés avant de l'amener progressivement à une alimentation solide. Ce passage est parfois délicat pour certains enfants qui ne sont pas prêts à modifier ce qu'ils connaissent bien, et qui les rassure. Or, les nourrissons doivent s'adapter à cette alimentation de plus en plus solide pour que les nutriments leur permettent un meilleur développement physique et physiologique.

Remarquons que ce qui arrive à ce bébé de sept mois survient précisément au moment où tout nourrisson atteint cette phase connue : l'angoisse dite du huitième mois. (Accordez-moi cette anticipation car on sait bien, en psychologie, que les stades d'évolution ne sont pas précis, au jour près.) Rappelons que tout enfant connaît aux alentours du huitième mois une crise majeure : la sensation d'exister pleinement en tant qu'être distinct de sa mère. La petite Hinde perçoit peut-être ce passage capital poindre à l'horizon et, comme pour toute progression pressentie et redoutée, elle régresse. Elle a discerné qu'elle devrait traverser une phase essentielle de son développement psychique : « J'existe en dehors de ma mère et c'est terrible, car je découvre que je suis complètement dépendante d'elle. » Ce grand changement de maturité mobilise en elle une énergie considérable et elle ne peut investir, en outre, celle que requiert un changement d'alimentation. De là vient probablement la fixation de ce bébé à la nourriture lactée qu'il connaît si bien depuis la naissance.

Conseils

Pour éviter tout blocage possible qui constituerait un vrai problème physique et psychique – je pense à l'anorexie du nourrisson, – je conseillerai à cette maman de ne surtout pas insister en ce moment. Faites confiance à votre fillette, laissez passer encore deux ou trois semaines, le temps qu'elle s'accoutume à ce nouveau statut essentiel à son développement, je veux parler de cette angoisse du huitième mois, puis proposez-lui à nouveau des bouillies et des compotes selon les indications du pédiatre.

Il est bien évident que ce que je vous conseille devra être validé par son médecin à qui il faut en référer en premier lieu.

Il refuse toute nourriture solide

dès 1 an

Coline :

« Jules, trente-deux mois, refuse toute nourriture solide (au moindre grain de riz, il vomit…). Il ne touche pas la nourriture avec ses doigts et ne veut pratiquement pas manger tout seul. Le pédopsychiatre dit que cela prendra fin un jour. Mais que d'angoisse devant sa petite taille, que de batailles pour lui faire avaler une cuillerée de soupe… aucun repas n'est simple ni agréable. »

Je reconnais que tout ce qui touche aux fonctions essentielles pour le bon développement d'un enfant peut inquiéter. Je veux parler principalement du sommeil, du comportement alimentaire et de l'acquisition de la propreté.

De ce que présente Coline de son fils de deux ans et demi, on peut déduire qu'il s'agit probablement d'une phobie alimentaire momentanée.

Entre deux et quatre ans, l'enfant rassemble les différentes parties de son puzzle intérieur pour constituer sa personnalité future en un tout homogène et bien « individué ». L'introduction d'aliments solides, c'est-à-dire non mixés, peut, à cet âge, être vécue comme celle de « corps étrangers » qui perturbent cette tentative d'assemblage de lui-même. C'est comme si on rajoutait des cubes ou des pièces d'assemblage supplémentaires à un jeu de puzzle. Vous comprenez qu'on ne peut pas modifier un jeu par des pièces d'une autre nature. Le bois va avec le bois, le plastique avec le plastique et les puzzles sont faits… de pièces de puzzle. Il est possible que les aliments solides soient perçus comme n'allant pas avec la texture des purées et compotes.

Commencez par des biscuits à l'heure du goûter. Sinon, laissez-le attendrir son biscuit en le trempant dans un bol de lait ou du jus de fruit.

Conseils

Deux jeux aideront votre enfant à « introduire et retenir dans son corps » :

- Mélangez à du sable d'autres éléments tels que petits cailloux, herbes, brindilles et apprenez-lui à les tamiser puis à classer chaque élément selon sa nature.
- Dans son bain, à l'aide d'un entonnoir, il remplira d'eau le quart d'un ballon de baudruche. En le retournant vers le bas, ses doigts libéreront ou retiendront l'eau, à volonté. Ces jeux faciliteront sa notion d'un corps en tant que contenant.

Encore deux ou trois conseils pour terminer : pensez à faire vérifier régulièrement son poids et sa taille par le pédiatre qui le suit.

Pendant son repas, évitez de trop le regarder, il risque d'en jouer.

Et si vous demandiez à son papa de le faire manger ? Cela changerait peut-être les choses.

À son âge, vous pouvez organiser un repas pizza et inviter un petit cousin ou un copain de maternelle. La nouveauté peut lui faire oublier ses craintes.

Elle mange très peu

Karine :

« Nina, qui a deux ans, ne sait pas manger comme son frère et sa sœur, elle picore dans son assiette. J'ai beau faire des petits plats sympas, acheter tout bio et cuisiner des recettes "spécial enfant", elle est maigre et on craint l'anorexie. »

L'appétit est variable d'un enfant à l'autre. Et chez le même enfant, l'appétit est changeant selon les événements (sevrage, maladie, naissance d'un frère, etc.). Quand un enfant manque d'appétit, il n'est pas rare que ses parents interprètent ce refus de manger comme intentionnel. Certains insistent, sans se rendre compte qu'ils entrent dans un cercle vicieux, induisant une attitude d'opposition systématique. Ce qui n'était qu'un refus occasionnel devient, petit à petit, un comportement défensif régulier pour affronter la rigidité éducative des parents. Lorsque l'enfant perçoit que son comportement alimentaire intéresse particulièrement ses parents, il en profite, inconsciemment, pour exercer sur les adultes un ascendant qui lui donne une illusion de grand pouvoir.

Or, comme on le sait, un enfant ne se laisse pas mourir de faim. Il suffit de s'en convaincre en faisant vérifier sa courbe de poids chez son pédiatre, qui, en cas d'amaigrissement anormal, saura réagir.

Conseils

Servez à Nina de petites portions qu'elle terminera et qui lui donneront l'impression de ressembler à son frère et sa sœur. Tentez des jeux à gages (si tu gagnes, tu manges une bouchée) sans les laisser s'installer dans le temps, car le chantage à la nourriture est un risque ! Variez les astuces en lui racontant une histoire pendant qu'elle mange et en suspendant le récit si elle s'arrête. Enfin, ne lui proposez jamais autre chose que le menu prévu : la maison n'est pas un restaurant !

Troubles du comportement

Instable, hyperactif, on n'en peut plus de sa bougeotte

3 ans

« **Béa :**

Swan, trois ans, est très agité, parfois agressif, même pour exprimer sa joie. Il s'excite pour communiquer. Je n'arrive pas à le maîtriser. Comment corriger cela ? »

On constate très tôt une nette différence d'attitude entre certains garçons et certaines filles. En effet, bon nombre de garçons présentent un comportement plus vif, voire agité par rapport aux filles. Existerait-il un lien entre la nature humaine des hommes et la culture environnante ?

Passons à Swan. Je ne connais pas cet enfant, mais il ressemble à beaucoup d'autres petits de trois ans que j'ai déjà observés : agités, tendus, en proie à une bougeotte permanente et incapables de supporter le silence et l'inactivité. On dirait qu'ils souffrent lorsque leur rythme s'arrête. L'angoisse les habite lorsqu'ils doivent se tenir calmes, se coucher, sont inoccupés ou priés de garder le silence, etc. Cette angoisse les submerge à un point tel que l'on peut dire qu'ils sont « sur le qui-vive ». Il semblerait qu'à travers leur agitation, ils existent plus et mieux.

Il est fréquent que l'enfant exprime là un malaise autre que corporel. Il s'agit d'une anxiété due à un état de stress pesrmanent, un sentiment d'insécurité envahissant qui ne peut trouver d'apaisement que dans le sommeil (et encore...).

Le père de cet enfant, voire un autre homme rassurant, parvient-il à le stabiliser, à le contenir par sa simple présence ? Lorsque le père est absent (à la suite d'une séparation, lors de déplacements ou pour toute autre raison), il n'est pas rare de voir l'enfant s'agiter, comme pour exprimer un vide, un manque. Il s'agit parfois d'un manque de référence masculine (forte et protectrice) à laquelle l'enfant a besoin de s'identifier. Il pense alors « jouer » à l'homme fort et actif, mais avec un esprit et un corps d'enfant. C'est cette inadéquation qui crée un malaise chez le sujet et chez sa mère.

Conseils

Il faut occuper la place vacante, car ce vide fait peur à l'enfant, et le rassurer en adoptant une position forte. En un mot, être à la fois une mère avec toutes les caractéristiques d'une mère, chaleureuse, affectueuse mais aussi, à d'autres moments, se montrer ferme et sachant poser des limites. C'est cette double fonction, difficile à adopter au début, qui rassurera l'enfant. Petit à petit, on le verra s'assagir.

Si le père est présent, il est essentiel qu'il reprenne son rôle d'homme sécurisant et fiable, dont tout enfant a besoin. Dans ce cas, la mère doit réhabiliter, coûte que coûte, le rôle de ce père et ce, quelle que soit leur histoire de couple.

Sinon, il faut penser à faire intervenir d'autres personnes influentes auprès de lui : un grand-père, un parrain, un oncle qui aura un ascendant sur l'enfant, non par autoritarisme, mais par protection, en adoptant une attitude de contenant. C'est précisément ce dont ces enfants manquent.

Consultez, un médecin aura sûrement une idée et pourra adresser l'enfant et sa mère à un spécialiste. Celui-ci aidera la maman à récupérer un rôle d'autorité qu'elle ne sait, pour l'instant, pas adopter.

Il adore dire des gros mots

dès 5 ans

Éric :

« Thomas a six ans et prend un malin plaisir à dire des gros mots. Pourtant, ma compagne et moi faisons très attention de ne pas en dire devant lui. On ne comprend pas où il a pris cette mauvaise habitude et pourquoi cela lui plaît tant. Faut-il sévir et comment ? »

Cette question va nous permettre de comprendre comment l'enfant apprend à maîtriser son agressivité.

Au fur et à mesure de son développement psychologique, l'enfant traverse des étapes qui le rendent de plus en plus autonome. L'une d'elles consiste à devenir propre et à n'avoir plus besoin de couches-culottes. De la sorte, il contrôle ses sphincters et apprend à se maîtriser. Plus tard, il abordera une autre étape, très excitante pour lui et quasi indispensable : la scatologie. Il prend plaisir à dire « pipi, caca, boudin » et autres joyeusetés du même cru. Tout devient prétexte pour parler de « crotte », de « prout », de « fesse », de « caca », etc. Il en rit et cela l'amuse. Ce stade peut, malheureusement, durer un certain temps. Puis, lorsque cette période est franchie, une phase nouvelle apparaît, celle des gros mots.

En général, l'enfant les prononce par imitation, sans même en connaître la signification. Parmi les enfants très surveillés sur ce plan-là dans leur foyer, un grand nombre osent « se lâcher » plutôt à l'école ou sur un terrain de sport avec leurs camarades.

Le plus souvent, l'enfant a repéré le tabou et l'interdit qui pèsent sur les gros mots et se fait justement un plaisir de les prononcer pour enfreindre les limites du langage. Il est essentiel de le réprimander et de limiter ces mots vulgaires qui ont pour fonction de provoquer l'adulte et de faire rire les enfants. Si on le laissait faire, il ne se sentirait ni soutenu ni contenu par l'adulte ; or c'est précisément ce qu'il recherche. C'est l'interdit qui aide l'enfant à définir ses limites. C'est pourquoi il faut sévir avec fermeté mais sans trop en rajouter. Comme pour tout, c'est le juste milieu qui est de mise.

Il est intéressant de remarquer qu'à trois ans, l'enfant apprend à se contrôler sur un plan musculaire et physiologique pour devenir propre. Plus tard, il se libère (se déverse) par la bouche grâce à son langage scatologique. Puis il évoluera encore en adoptant un langage plus élaboré grâce à des termes moins primaires mais plus percutants sur le plan de la morale : les gros mots. C'est par ce biais aussi que l'enfant exprime une partie de son agressivité. Il attaque et agresse par la parole là ou d'autres le font sans maîtriser leurs comportements.

Conseils

Il faut apprendre à l'enfant à ne pas dire tout et n'importe quoi ; lui signifier surtout ce qui se dit et ce qui ne se dit pas. Il n'est pas question d'entrer dans un débat avec lui, ni de vous justifier. Dites simplement : « Cela ne se dit pas, c'est comme cela ! » Expliquez en deux mots que c'est vulgaire et qu'il existe d'autres termes pour s'exprimer. De votre côté, évitez de dire trop de gros mots devant votre enfant : il serait le premier à vous le faire remarquer !

Il se caresse devant tout le monde

dès 3 ans

Anne :

« Quentin, cinq ans, a la fâcheuse manie de se caresser le sexe devant tout le monde. On ne sait pas vraiment s'il est conscient de ce qu'il fait. Comment le lui expliquer avec des mots d'enfants ? »

Très tôt, l'enfant apprend à découvrir les différentes parties de son corps et en vient à s'intéresser à son sexe. Chez certains, la curiosité et l'excitation naturelle que cela leur procure les amènent à se toucher et à renouveler l'expérience fréquemment.

L'enfant ne pense pas à mal lorsqu'il se caresse. Son geste est naturel et spontané. Le plaisir qui s'ensuit le calme et l'apaise. Autant de filles que de garçons recourent à cette pratique qui, pour leur jeune âge, n'a rien de tabou comme elle l'est pour certains adultes. C'est donc en toute innocence que l'enfant se caresse et s'apaise au moment de l'endormissement, dans son bain ou lorsqu'il est captivé par un dessin animé.

Ce sont les adultes qui projettent une connotation érotique.

En outre, ces caresses aident l'enfant à prendre mieux conscience de son sexe et facilitent la constitution de l'identité de genre, c'est-à-dire une identité de garçon ou une identité de fille.

Conseils

Si votre enfant passe beaucoup de temps à se toucher, ne sait pas s'arrêter lorsqu'il y a du monde à la maison, n'en est même pas conscient (par exemple, en regardant la télévision), a cette manie dans la rue, à la piscine, etc., il faut lui indiquer les limites nécessaires : il peut se caresser mais uniquement dans sa chambre, dans son bain, lorsqu'il est seul mais pas devant vous. De la sorte, on le prépare à constituer les prémices de son intimité, même si, à vrai dire, on ne peut parler du sentiment d'intimité que vers neuf ans.

Il faudra insister sur le fait que son comportement pourrait gêner les autres (enfants ou adultes). Il doit apprendre à se contenir en société devant ses camarades de jeu, ses grands-parents, la boulangère, etc. Les règles de bonne tenue s'apprennent tôt, surtout lorsqu'elles concernent le respect, la moralité ou l'intimité.

Les parents ne sont pas obligés de donner trop d'explications et un simple « c'est comme cela » devrait suffire. C'est votre conviction qui indiquera à l'enfant le bien-fondé des limites et des interdits que vous lui posez.

Il a des attitudes féminines

4 ans

Bachir:

« Je trouve que mon fils n'est pas assez courageux en général. Il ne veut pas faire de sport comme moi, aime se déguiser en fillette pour ressembler à sa mère. Tout cela m'inquiète. Chez nous, en Afrique, ce n'est pas bien vu. Que faire pour qu'il me ressemble plus et soit un vrai homme à l'avenir? Merci. »

La sexualité des adultes se construit lentement et ce, depuis l'enfance. Si un enfant ne pratique pas de sexualité, il la pense et se pense sexuellement, ne serait-ce que pour ressembler à son papa ou à sa maman, c'est-à-dire devenir un futur homme ou une future femme. Comme tout cela s'élabore mentalement, on peut dire que l'identité sexuelle de l'enfant n'est pas définitive. Avant la puberté, il est difficile d'anticiper sur le devenir. En général, l'orientation sexuelle amène progressivement un garçon ou une fille à se penser comme ce dont la nature l'a doté.

Pendant la période de latence (six à douze ans), la sexualité de l'enfant passe au second plan. Elle semble inexistante puisqu'il n'en parle pas ou refuse même d'en parler.

À quatre ou cinq ans cependant, pour savoir qui il est vraiment, l'enfant a besoin de faire des incursions du côté du sexe opposé et de se comporter en fille si c'est un garçon. Les attitudes, souvent hostiles, renvoyées par son entourage l'aident à retrouver sa véritable place ou, au contraire, renforcent son comportement.

Parfois aussi, c'est en réponse ou en réaction à ses parents que le garçon donne de lui-même une image féminisée. On a évidemment en tête le stéréotype de la mère abusive et surprotectrice ou celui du père absent et défaillant qui offrent à leur enfant une inversion des rôles ou une image erronée de la virilité, et qui le font donc évoluer imperceptiblement vers une identité féminine, voire une homosexualité future.

Citons deux cas où, précisément, des garçons se sont retrouvés confrontés à ce problème.

Dans le premier cas un enfant de onze ans cherchait à se défendre d'un père extrêmement sévère et rigide. Par provocation, ce jeune donnait de lui une image opposée à celle qu'attendait son père. Il préférait des jeux calmes et raffinés, ne pratiquait aucun sport masculin, n'avait que des copines. Cet enfant déçu et certainement « castré » par un père macho se tournait vers la féminité, plus douce, plus tendre et rassurante et qui lui apportait tant de compensations.

Dans le second, un garçon de neuf ans, qui vivait seul avec sa mère depuis le divorce de ses parents, a retardé l'élaboration de son identité sexuelle. Dans son environnement, aucune référence masculine ne l'aidait à se construire comme un garçon et comme un futur homme.

Les enfants sont, sur ce sujet, parfois provocateurs, ils aiment faire peur aux parents trop exigeants à propos de l'homosexualité masculine. Cependant, certains enfants s'interrogent réellement et se posent de vraies questions existentielles. Ces hésitations ne durent pas longtemps et sont bien normales. C'est vers l'âge de douze ans seulement, si l'orientation se confirme et s'accentue, qu'il devient plus pertinent de s'interroger sur la future identité sexuelle d'un enfant.

Comment réagir pour son bien? Est-il possible d'infléchir le cours des événements, et seulement souhaitable de le faire? La réponse ne peut être que personnelle. D'ailleurs, aucun psychologue ne se risquerait à proposer des arguments définitifs, puisqu'il n'existe pas de théorie officielle en la matière. Il convient donc, pour chaque famille, d'agir en son âme et conscience, avec pour souci primordial le bien-être de l'enfant, et non l'image qu'elle donne à voir à l'extérieur.

Parfois, certains parents, totalement hostiles à cette différence pressentie chez leur enfant, ne la comprennent pas. D'autres ne peuvent même pas l'imaginer alors qu'elle saute aux yeux. C'est ce que l'on appelle un déni.

Conseils

ATTENDRE

Cela consiste à laisser l'enfant se chercher, réfléchir et surveiller en faisant confiance à son intelligence et à son bon sens, tout en restant vigilant. Seule la longue phase de l'adolescence confirmera l'orientation qui se dessine pour tel ou tel enfant. Un psychologue pourrait alors servir de soutien à ses interrogations.

INFORMER

À l'occasion d'une réflexion ou de questions que pose l'enfant – « Pourquoi les garçons ne peuvent-ils pas avoir de bébé ? » ou « Comment est-ce que je suis né ? » –, les parents peuvent entamer le dialogue sur la différence des sexes et le prolonger par des lectures adaptées à l'âge de l'enfant.

SE FAIRE AIDER

Recourir à un tiers – pédiatre ou psychologue – si des signes évidents se font jour. Il arrive que l'enfant insiste pour se déguiser en fille à toutes les fêtes d'enfants ou veuille changer de prénom pour le féminiser, etc.

INTERVENIR

Il s'agit de donner progressivement à l'enfant des repères masculins forts s'accompagnant d'une activité pratique ou d'un sport viril (bricolage, foot, judo, escrime) et de la fréquentation d'hommes qu'il apprécie déjà (parrain, grand-père, etc., auxquels il rendra visite plus souvent). Dans le même mouvement, il faut essayer de ne plus privilégier un rapport trop exclusif (ou fusionnel) avec sa mère, si tel est le cas. Si le père est présent, il devra prendre le relais.

Troubles de la parole

Que faire avec un enfant qui parle très peu ?

Virginie :

« Mon fils Lucas, trois ans, a énormément de difficultés à parler, il prononce très mal et ne dit que quelques mots. À l'école, la maîtresse me dit qu'il est très vif et très curieux, qu'il prend énormément de plaisir à apprendre mais ne fait aucun effort au niveau du langage. Dois-je m'en inquiéter dès à présent ? Faut-il l'emmener chez une orthophoniste ? »

Avant tout, et comme je le préconise souvent, assurez-vous que sur le plan morphologique, votre enfant ne souffre d'aucune anomalie l'empêchant de bien parler. Votre pédiatre vous l'aurait vraisemblablement signalé, si tel était le cas.

Il est encore trop tôt pour emmener un enfant voir une orthophoniste. En général, cela ne se fait pas avant quatre ans. Mais vous pouvez très bien aller consulter si cela peut vous rassurer.

Plusieurs raisons amènent un enfant à retarder l'acquisition du langage. Certains enfants ne baignent pas dans un univers où l'on parle beaucoup. Dans un milieu où la parole est peu investie, l'enfant n'a pas envie de parler. Il s'exprime par d'autres moyens. Il montre du doigt ce qu'il veut, prononce des sons, des onomatopées. Il se dirige de lui-même vers ce dont il a besoin, sans réclamer, ou bien attend qu'on le sollicite. Il est évident que le mode expressif de cet enfant sera pauvre dans le futur.

Il existe des parents qui pensent encore qu'un enfant ne sait pas tout et qu'il n'a pas le droit de parler à tort et à travers. C'était encore de mise dans certains milieux bourgeois où les enfants n'avaient pas voix au chapitre. On leur demandait de se taire ou, pire, on n'attendait rien d'eux. Heureusement, Françoise Dolto a su montrer l'importance de la parole chez l'enfant et la richesse d'expression des sentiments que ce dernier pouvait communiquer aux adultes pour se faire comprendre et se faire respecter.

Certains enfants ont compris qu'en en disant le moins possible, tout peut leur arriver : on s'occupe d'eux comme il le faut, c'est-à-dire soins, nourriture, attention, câlins, etc. Sans paroles, ils savent faire parler les autres pour eux et n'ont plus qu'à répondre par oui ou non ; et même un geste de la tête suffit.

Enfin, d'autres retiennent un vocabulaire énorme sans pour autant l'utiliser verbalement et sauront s'en servir plus tard. Quand je dis « plus tard », je veux dire vers quatre ou cinq ans. Rappelons-nous du cas d'Einstein qui n'a parlé qu'à l'âge de cinq ans. Cela ne l'a pas empêché d'être le plus génial des physiciens. Il arrive donc que certains enfants refusent de parler, mais ce n'est pas pour autant qu'ils ne libéreront pas leur parole plus tard. D'ailleurs, lorsque ce jour arrive, ils utilisent subitement un vocabulaire très riche, au point que leurs parents sont inquiets du flot de paroles qu'ils débitent. Tant mieux !

Conseils

Il vaut toujours mieux permettre à un enfant de baigner dans un milieu où l'on favorise la parole pour ce qu'elle doit être : un mode d'expression – expression des besoins, des sentiments, des émotions, etc. –, car cela l'autorise et l'incite à parler à son tour.

Il ne faut pas s'inquiéter si à trois ans, un enfant s'exprime peu : il emmagasine un vocabulaire qu'il n'utilise pas immédiatement, mais qui servira lorsqu'il se sentira prêt à parler de lui-même.

Enfin, ce n'est pas parce qu'un enfant parle peu qu'il faut lui parler comme à un bébé. On ne fait pas de « bébologie » avec un enfant, (hormis les moments câlins qui nous amènent naturellement à lui parler comme à un bébé). Sinon, on inciterait cet enfant à rester bébé lui-même.

On parle à un enfant comme à un adulte, mais avec des mots simples qu'il peut comprendre. Et un jeune enfant peut presque tout comprendre !

Il se met à bégayer

dès 2 ans

Josépha :

« Paul, qui a cinq ans, s'est mis à bégayer du jour au lendemain sans aucune raison apparente. À quoi cela peut-il être dû et que faire ? »

Le bégaiement est un trouble de la parole, et plus précisément de l'élocution.

Ce handicap touche beaucoup d'enfants et plutôt les garçons que les filles, d'ailleurs. Il peut s'installer dès l'apparition du langage, entre deux et trois ans, éventuellement plus tard. Il est passager, mais mieux vaut y remédier le plus tôt possible pour éviter qu'il ne se fixe définitivement au point de devenir une constante, voire une particularité, de la personnalité de l'enfant.

De quoi s'agit-il ? D'une répétition de mots ou d'un blocage au moment de prononcer un mot ou une phrase.

Il existe deux types de bégaiement :

Le bégaiement clonique : répétition involontaire, saccadée et plus ou moins longue de certaines syllabes. Par exemple : « MaMaMaMa... Maman ne veut papapapas... pas me laisser... »

Le bégaiement tonique : l'enfant bute en général sur la première syllabe du mot et ne parvient pas à la prononcer de façon fluide puis la libère avec force. Il arrive que l'enfant peine et accompagne cette gêne de grimaces ou de mimiques corporelles.

Certains enfants présentent, malheureusement, ces deux formes de bégaiement simultanément.

Il n'est pas rare qu'un garçon atteint de bégaiement ait un père ou une mère ayant bégayé durant son enfance. C'est au moment où l'enfant apprend à faire des phrases qu'apparaît le bégaiement.

Les causes sont multiples : il existe des bégaiements d'ordre physiologique ou psychologique (à la suite d'un choc). En général, on remarque une certaine émotivité chez ces enfants, voire une angoisse. Il arrive que le climat familial soit tendu, qu'ils aient des frères et sœurs aînés bien présents et envahissants. L'événement déclencheur peut aussi être l'arrivée d'un frère ou d'une sœur, un deuil, un déménagement, une séparation des parents ou un simple conflit conjugal qui dure.

Parfois, les choses s'aggravent dans certaines situations relationnelles. Il s'agit alors d'un trouble de la communication orale et d'un trouble de la relation à l'autre.

Conseils

Ne rabrouez pas l'enfant et ne vous moquez pas de lui ; évitez de terminer ses mots ou ses phrases à sa place. Patientez et supportez son handicap, vous l'aiderez ainsi à se décomplexer car il est déjà très gêné par son symptôme. Il est d'ailleurs possible que ses camarades aient repéré sa difficulté et se moquent de lui. N'en rajoutons donc pas.

Demandez à son pédiatre ce qui lui conviendrait le mieux : orthophonie (avec une rééducation par des exercices adaptés), psychomotricité (pour une meilleure appréhension de son image corporelle et pour développer une certaine assurance), relaxation (pour apprendre à se détendre et envisager la relation aux autres plus sereinement), sport (pour libérer le corps, extérioriser les tensions internes et s'affirmer) ou psychothérapie (pour lui apprendre à repérer et verbaliser les éventuels conflits qui l'entravent et le gênent dans son élocution).

Troubles de l'attention

Il se désintéresse du travail scolaire

dès 7 ans

« **Patricia :**

Killian, sept ans, bien que capable et intelligent, dit ne pas aimer travailler. Il peut rester la tête sur ses cahiers très longtemps sans se mettre au travail. Gentillesse, explications, rien n'y fait… Je me sens désarmée ! Que faire ? »

Votre fils, comme beaucoup d'enfants de cet âge, appréhende l'évidence qui pointe : entrer bientôt dans le monde de la réalité et devoir abandonner une partie de son monde imaginaire. Il y pense malgré lui, se réfugie dans ses rêveries, s'accroche fortement à ce qu'il lui reste de magique dans la tête et en oublie la réalité, l'obligation qui s'impose à lui : ses devoirs (ce mot recèle déjà, en soi, une injonction qui rebute).

Revenons en arrière pour décortiquer le mécanisme.

Entre deux ans et huit ans, l'enfant fonctionne essentiellement sur un mode imaginaire : il rêvasse beaucoup, imagine qu'il peut s'envoler comme Superman, devient fort, peut lutter contre les ouragans et contre tout, échappe aux pires situations et fait presque tout ce qu'il voudrait. Mais petit à petit, une conscience du fonctionnement du monde, la société, ses parents, son école, tout le ramène vers une pensée de plus en plus réaliste. Il va devoir envisager ce qui l'entoure de manière concrète, moins romancée. Ainsi, à son âge, pour traverser une rue seul, il faudra être très prudent; pour se rendre à l'école seul, il ne faudra pas traîner en chemin, ni se perdre ou suivre n'importe qui dans la rue; il faudra appendre à perdre au jeu; les disputes entre parents lui font redouter leur séparation; le clochard dans la rue l'inquiète plus qu'auparavant, etc. La réalité d'un enfant de huit ans, c'est tout cela: une prise de conscience que tout ne va pas « pour le mieux dans le meilleur des mondes ».

Votre fils de sept ans pressent qu'il devra bientôt - comme les enfants de CE2 (huit ans) qu'il côtoie, comme ses frères ou ses sœurs plus âgés, s'il en a - abandonner petit à petit cette part d'imaginaire, d'innocence et de naïveté qui le caractérise pour accéder péniblement à une pensée moins rose mais qu'on appelle « âge de raison ». De fait, il redoute ce passage difficile et se retranche encore un peu dans ses rêveries, ses pensées fantastiques et magiques à souhait. Il ne progresse pas face aux responsabilités (les devoirs). Et ne pas progresser peut constituer une stagnation, voire une régression... de la pensée. Pour employer un langage plus commun aux parents, il est fainéant et paresseux!

Conseils !

Cette période intermédiaire entre sept et huit ans est fort délicate dans l'organisation psychique d'un enfant. Les maîtresses d'école de CM1-CM2, elles, le savent très bien.

Procédez autrement pour la question des devoirs. Proposez-lui de rester avec lui dans sa chambre et, pendant qu'il est à sa table de travail, restez allongée sur son lit avec un magazine, prête à l'aider s'il vous le demande ou à le rappeler à l'ordre s'il lève ses yeux au ciel pour rêvasser. Votre présence discrète l'aidera.

Apprenez-lui aussi à se servir d'un emploi du temps que vous aurez composé ensemble sur une grande feuille cartonnée et sur lequel il aura inscrit tout ce qu'il doit faire de son retour de l'école jusqu'à son coucher. En se référant à ce minutage précis du temps - goûter, devoirs, douche, dîner, câlin du soir et dodo -, il aura l'impression de maîtriser une partie de ce temps qui lui échappe en rêveries et autres voyages imaginaires. Un minuteur peut l'aider à respecter les temps inscrits sur l'emploi du temps pour ne pas se laisser trop déborder.

Mon fils est agité à l'école

dès 3 ans

Nathalie :

« Mon fils Nathan a cinq ans, il est plutôt "*speed*", dit qu'il s'ennuie à l'école ou que le travail n'est pas intéressant. Il n'arrive pas vraiment à s'intégrer et fait souvent l'intéressant pour qu'on s'occupe de lui. Pourtant, il est très curieux de nature. Par exemple, il est passionné par tout ce qui touche le corps humain, l'Égypte ancienne et vient nous expliquer tout ce qu'il a appris. Cette nervosité pose des problèmes à l'école où il passe pour un élément perturbateur. Que dois-je faire pour l'aider ? »

À ce niveau, je préfère parler d'un trouble de l'attention, là où d'autres invoqueraient un trouble du comportement.

Cette question de Nathalie comporte deux éléments : l'ennui que peuvent rencontrer les enfants précoces - même en classe de maternelle - est leur difficulté à supporter la lenteur des autres élèves. Ils deviennent alors, pour certains, perturbateurs en exprimant leur agacement pour qu'on accélère le rythme. Il faut que « ça bouge », pourrait-on dire. Leur curiosité est avide, ils ont une soif de savoir et, plutôt que d'attendre patiemment que les autres arrivent à la fin de l'exercice, ils bougent, gesticulent, font les pitres, se font remarquer. L'objectif consiste à ce que quelque chose se passe. Remplir le vide et le silence. La patience de l'enseignant est souvent à bout, car il faut et s'occuper de cet enfant, mais aussi des vingt-cinq autres qui ont, eux, un rythme normal. Et l'incompréhension s'installe et devient vite insupportable pour tout le monde : l'enfant en question, la maîtresse et tout le reste de la classe. Les parents sont alors gênés parce que leur enfant est malheureux du fait de ses capacités supérieures. Reconnaissons que c'est bien dommage : une qualité se transforme alors en défaut !

Que faire de cette aisance intellectuelle chez un enfant qui ne demande qu'à apprendre ? Sommes-nous devant un enfant précoce, un surdoué ? Ou juste un enfant en bonne santé qui est curieux et désireux d'apprendre ?

Dans tous les cas, il faut ET répondre à son besoin de curiosité (livres, discussions, expositions pour son âge, etc.) ET veiller à ce que son temps libre soit aussi occupé à jouer avec des camarades, à pratiquer des activités manuelles, faire du sport, etc., mais surtout à se reposer. Un enfant qui est seul dans sa chambre en train de jouer ou de ne rien faire est aussi un enfant qui va bien. Ne rien faire permet à un enfant d'assimiler tout ce qu'il a appris.

Conseils

Pensez à lui faire pratiquer des sports. Jouez aussi à des jeux de société qui lui inculqueront la patience : dans un jeu de société, il faut apprendre à attendre son tour et laisser les autres jouer quand c'est le leur. Il faut se concentrer pour suivre les mouvements des pions qui se déplacent. Il faut apprendre à faire équipe avec l'autre. Mais surtout, le jeu de société permet deux choses capitales : tout d'abord, mettre de la distance entre l'objectif final et la position où l'on se trouve dans le jeu en cours ; ensuite, apprendre à perdre. À perdre et à reconnaître qu'on a perdu, ce qui, on le sait, n'est pas chose facile pour un enfant. C'est seulement vers huit ans (rarement avant) qu'un enfant accepte de perdre et devient donc « bon joueur ».

Ainsi donc : du sport pour le défoulement physique et des jeux de société pour s'exercer à la patience.

Enfin, je sais que certains enfants ont pu bénéficier de séances de psychomotricité et que cela leur a fait beaucoup de bien. Demandez à votre médecin ce qu'il en pense.

Compétences de l'enfant

Quand Bébé affûte ses sens

0-3 ans

> **Lucile :**
>
> « Auxiliaire de puériculture dans une crèche, je n'ai pas encore d'enfants. Mais je me pose souvent une question : "Comment développer les sens des très jeunes bébés ?" Merci. »

Votre question est aussi subtile, intellectuellement parlant, que délicate à traiter, mais je vais essayer de vous répondre ainsi qu'à tous les parents qui ont cette préoccupation. Nous allons faire le tour des cinq sens chez l'être humain et chez le bébé plus particulièrement.

La vue : jouez avec les couleurs

À partir de trois mois, un bébé commence à mieux voir. C'est le moment de lui proposer des hochets, des portiques à installer au-dessus de son lit, des bouliers à accrocher sur son transat, des mobiles qui tournent lentement au son d'une petite musique. Dans sa chambre et pour son lit, optez pour des couleurs pastel et réservez les couleurs vives pour les moments où il est bien réveillé. Faites rouler devant lui des balles musicales aux couleurs chatoyantes, agitez son hochet coloré. Jusqu'à six mois, il va apprendre à saisir de mieux en mieux les objets dans sa main puis à faire passer son hochet d'une main dans l'autre. Si vous secouez le jouet, il aura envie de vous imiter.

Aux alentours du quatrième mois, il aime jouer à « caché-coucou ». Un jeu tout simple qui consiste à se cacher derrière ses mains ou une serviette pour réapparaître aussitôt en faisant des grimaces, des sourires ou des bruits rigolos qui le font rire aux éclats. Ce jeu développe la notion de permanence des objets qui peuvent exister même quand on ne les voit pas.

L'ouïe : protégez ses oreilles

À trois mois, son ouïe aussi est en alerte, tellement d'ailleurs, qu'il vaut mieux éviter les atmosphères bruyantes et les sons stridents. Vers un an ou deux ans, l'enfant se bouche les oreilles lorsque le bruit est trop agressif, mais avant cet âge, il ne peut rien faire d'autre que subir cette agression. Il faut donc être très vigilant quant aux pollutions sonores. En revanche, votre bébé appréciera les mots tendres, les berceuses chantonnées, les musiques douces, surtout lorsque vous les accompagnerez de câlins, de caresses ou de bercements.

Le toucher : encouragez la découverte

Sa peau est si douce et si fine qu'elle est très sensible aux textures, au moelleux d'un tissu ou, à l'inverse, à la sensation désagréable d'une serviette trop rêche. Accrochez à son transat des petits morceaux de différentes matières ou allongez-le sur un tapis d'éveil : vous le verrez triturer les objets qui le composent et se familiariser ainsi avec de nouvelles sensations tactiles. Amusez-vous aussi tous les deux : faites-lui poser les mains et les pieds dans de gros morceaux de pâtes à modeler. Une fois la pâte sèche, vous garderez en souvenir l'empreinte de son pied, de sa main. Profitez également des moments du bain ou du change, pour le caresser, le masser. Par ce contact doux et enveloppant de vos mains sur sa peau, il prend peu à peu conscience de son futur schéma corporel. De même, dans son berceau, votre bébé a besoin de se sentir contenu comme lorsqu'il était dans votre ventre ; aussi, évitez de le coucher dans un lit trop grand car il s'y sentirait perdu et peu rassuré.

Le goût : surprenez ses papilles

Dès que commence la diversification alimentaire, les bébés sont prêts à appréhender de nouveaux goûts et de nouvelles textures alimentaires : le goût acide du jus d'orange, le velouté d'un potage de légumes... Vers cinq-six mois, vous pouvez lui faire goûter, sur le bout de votre doigt, les sauces et les bouillons des plats que vous êtes en train de préparer. Vous remarquerez ses réactions.

Plus tard, à partir de deux ans, on essayera d'élargir la palette des goûts Beaucoup d'enfants osent s'aventurer vers des plats exotiques et cette aptitude dure aussi longtemps qu'on la maintient régulièrement. Si bien qu'après six ans, ces enfants peuvent manger de tout et ne sont jamais capricieux face à des plats ou des textures particuliers. Et c'est une bonne chose car le goût s'éduque.

L'odorat : restons simples

C'est le sens le plus archaïque, car lié à l'instinct de survie. Tout petit, le bébé s'en sert pour savoir ce qui est bon pour lui ou non et il est capable de reconnaître, entre mille, l'odeur de sa maman. Il est inutile d'exercer son enfant à l'odorat. Laissons faire la nature.

Conseils

En faire trop ou pas assez ? Voilà trois conseils pour bien doser vos stimulations :

- Lorsque votre bébé se réveille, il n'est pas forcément disponible pour une quelconque stimulation. Il a besoin d'un délai avant d'être sollicité, car il reprend doucement contact avec le monde qui l'entoure. Attendez qu'il vous réclame, répondez-lui et patientez jusqu'à ce qu'il se montre disponible.
- Depuis un moment déjà, vous êtes en train de jouer avec votre enfant et, soudain, il détourne la tête et le regard, se frotte les yeux, s'agite. Le signal est clair : il en a assez et aimerait se reposer. Respectez alors son besoin de calme.
- Lorsque qu'un bébé pleure, il faut éviter de se précipiter à son chevet. Approchez-vous calmement de son lit en lui parlant ou en le caressant doucement. S'il s'arrête, c'est qu'il n'avait besoin de rien d'autre que votre simple présence. Les parents angoissés au moindre pleur troublent en retour l'enfant qui, jusque-là, était tranquille malgré ses pleurs. Les pleurs d'un bébé sont, pour lui, le seul moyen de s'exprimer : en appelant par ce moyen, il demande souvent à se sentir rassuré.

Il a deux ans et demi et ne va toujours pas sur le pot !

Marie-Frédérique

Stanislas, mon dernier de deux ans et demi, a toujours sa couche. Il refuse d'aller sur le pot comme l'ont fait tous ses frères et sœurs dès l'âge de vingt-quatre mois. Je lui ai dit qu'on ne l'accepterait pas à l'école maternelle s'il ne faisait pas un effort. Cela ne semble pas l'affecter plus que ça. Doit-on le forcer ?

L'apprentissage de la propreté intéresse nombre de familles, tant pour s'assurer que leur enfant évolue bien, physiologiquement parlant, que pour des motifs de confort évidents (change de couches plusieurs fois par jour). Une fois qu'un enfant maîtrise sa propreté, il peut être admis à l'école, mais pas avant.

L'âge moyen de l'acquisition de la propreté se situe autour de trois ans. Elle se fait d'autant plus facilement que l'enfant se sent en confiance. Il est possible qu'il développe d'autres compétences telles la parole, une bonne motricité, un éveil intellectuel, etc., et dans ce cas, l'apprentissage de la propreté peut tarder à venir. À l'inverse, d'autres enfants se montreront précoces dans ce domaine, mais peineront à verbaliser leurs émotions.

Si votre fils a compris que vous attendez cela de sa part, il se fera désirer et tardera peut-être à vous satisfaire. Au contraire, dites-vous qu'il n'a que deux ans et demi. Il n'est pas forcé de ressembler à ses frères sur ce plan. Et si c'était sa manière de capter votre attention ?

Un enfant doit acquérir une bonne représentation des divers fragments qui le composent pour laisser une partie intime de son corps en sortir et se détacher de lui. De manière magique, les excréments sont une partie de lui qu'il voit disparaître en tirant la chasse. Dit de la sorte, vous comprenez l'angoisse que peuvent ressentir certains enfants ?

Conseils

Dites à Stanislas que vous allez laisser le pot, en permanence, aux toilettes et disposez des petits livres à côté. À son âge, il saura, à sa guise, aller sur le pot ou non, et la lecture parviendra à le distraire. Comptez aussi sur les vacances, au soleil, sur la plage ou dans un jardin pour le laisser les fesses à l'air. Enfin, tous les enfants parviennent à devenir propres un jour ou l'autre. Laissez donc faire la nature...

L'âge de la propreté

3 ans

Barbara :

J'ai essayé, à plusieurs reprises, d'enlever la couche de mon fils de deux ans et demi en lui expliquant et lui indiquant le pot… en vain ! Il n'arrête pas de faire ses besoins dans sa culotte. Quelle est la meilleure façon de se comporter dans cette situation ? »

Angélique :

Pourquoi ma fille de vingt mois va-t-elle s'asseoir sur le pot alors qu'elle a déjà fait ses besoins dans sa couche ? »

Laurence :

Ma fille de vingt-huit mois n'est toujours pas propre dans la journée et elle doit entrer prochainement en maternelle. »

Nous allons profiter de ces trois questions et de bien d'autres pour aborder de manière exhaustive le sujet de l'acquisition de la propreté. Cela répondra à tous les autres parents qui ressentent le même souci face leur enfant.

Disons-le simplement, sauf exception, on ne peut exiger d'un enfant qu'il soit propre avant l'âge de trois ans. Il faut donc éviter d'encourager un enfant de moins de trois ans à se passer de couches. Je sais que nombre de parents sont fiers et soulagés de voir leur petit, enfin autonome, aller seul sur le pot. Mais il faut être conscient qu'il est probable que cela retentisse un jour sur le caractère de l'enfant.

En effet, cette zone qui représente « une porte du corps » est très investie physiquement et psychologiquement par l'enfant.

- C'est au cours de la maîtrise de ses sphincters que l'enfant adopte parfois un tempérament de « commandeur » autoritaire, puis, vers sept, huit, dix ans, trop méticuleux, tatillon et pinailleur, « coupant les cheveux en quatre ». Ce type d'enfant devient strict, capricieux et exigeant envers ses parents et, plus précisément, envers sa mère (s'il s'agit d'un garçon, l'exigence est redoublée du fait du complexe d'Œdipe). Bref, cette maîtrise des sphincters, si elle survient trop tôt, risque d'accentuer un caractère trop fort. Dans notre jargon, nous les psychologues, appelons cela une personnalité de type obsessionnel.

- Si cet apprentissage de la propreté intervient avant trois ans et que, de surcroît, l'enfant traverse une période d'instabilité (deuil, déménagement, séparation conjugale, etc.), il aura tendance à régresser en ne contenant plus ses selles. D'où un retour aux couches. Cette régression, banale au demeurant, risque d'être mal vécue par certains parents qui se croyaient débarrassés de la corvée des couches. Cette déception parentale retentit le plus souvent sur l'enfant qui, gêné, se culpabilise et entre dans un cycle de réactions de type : complexe d'infériorité et perte de confiance en soi ou, tout simplement, sentiment d'incompréhension de la part des parents ; ce qui n'est pas mieux, avouons-le.

- Enfin, et ce pour tous les enfants : quel que soit l'âge à partir duquel ils deviennent propres, il n'est pas rare qu'ils régressent durant les semaines qui suivent. En effet, on voit souvent l'enfant être propre pendant un mois ou deux, au grand bonheur de ses parents. Quelque temps plus tard, il réclame une couche pour faire ses besoins ou même ne se gêne pas pour se soulager directement dans sa culotte, tout habillé. Il se cache derrière une porte ou un rideau, en sachant que ses parents l'inciteraient à aller sur le pot s'il faisait cela au grand jour. Sa « petite affaire » terminée, il réapparaît en attendant qu'on le nettoie.

Ce qui se joue là est essentiel à comprendre pour les parents faute, de quoi, on risque d'enfermer l'enfant dans un cycle infernal de gronderies, punitions et humiliations. Si les parents se fâchent trop contre l'enfant, ils pourraient l'amener à un comportement défaitiste, de faiblesse et de complexes.

Comprenez ce phénomène à l'image d'un récipient qui se viderait par le bas et ainsi perdrait une partie de son contenu. Cela peut être angoissant. C'est justement ce que ressent l'enfant qui vient d'apprendre la propreté. Il est un récipient (son ventre) qui libère par ses fesses une partie de son intérieur. Il se vide et cela l'inquiète, précisément à un âge où il tente de devenir un tout, bien unifié et complet (entre deux et quatre ans).

L'enfant a donc le sentiment de perdre une partie de lui, qui va disparaître de manière étrange dans les toilettes... C'est inquiétant ! D'ailleurs, si je vous demandais de me donner votre oreille ou la moitié de votre bras, vous hurleriez de peur. C'est ce que peut ressentir l'enfant lorsqu'il se vide une à deux fois par jour.

- Pour retenir, vainement, ce qui sort, il préfère garder la couche. De la sorte, il sent l'odeur qu'il reconnaît, ressent la texture pâteuse, lourde et chaude de ses excréments et cela le rassure : ce sont des sensations qu'il connaît depuis sa naissance. Il préfère même se faire gronder par ses parents et conserver son entité, sans rien perdre, plutôt que de se voir se vider avec angoisse.

Il est essentiel de comprendre ce phénomène, par lequel la plupart d'entre nous sont passés, étant enfants, afin de ne pas gronder inutilement les nôtres. Heureusement (mais aussi malheureusement), nous l'avons oublié...

Souvenons-nous que chaque fois qu'un enfant régresse, il annonce par là sa peur de grandir et d'évoluer. Il a donc besoin d'être rassuré et encouragé et non pas puni et incompris.

Notons au passage que, même s'il n'existe aucun lien spécifique avec l'acquisition de la propreté, on a constaté que beaucoup d'enfants éprouvaient un grand plaisir à faire du découpage, du collage et du recollage de papiers et cartons comme pour morceler puis reconstituer l'unité qui les représente. Cette activité les aide à mieux se représenter l'intégrité et l'intérieur de leur corps. Et, de fait, cela participe indirectement à l'acquisition de la propreté.

Certains enfants deviennent propres avant l'âge de trois ans, le plus souvent pour faire plaisir aux parents qui attendent ce moment avec impatience. D'autres encore veulent faire mieux que leurs frères aînés et s'arrangent pour mûrir plus vite de ce côté-là. Mais il est fréquent qu'un enfant propre très tôt montre un léger retard dans un autre domaine de son développement (agilité corporelle, langage, etc.). Et l'inverse est aussi vrai.

En ce qui concerne la fille de Laurence, vingt-huit mois, elle a le temps de progresser sur ce plan : on ne peut pas forcer un enfant à maîtriser ses sphincters s'ils ne sont pas entièrement développés. Laurence devra peut-être attendre avant de la mettre, si tôt, à l'école.

Quant à Angélique, dont la fille de vingt mois s'essaye à aller sur le pot, elle est en répétition générale, avant le grand jour. Mais, à un peu plus d'un an et demi, elle a bien le temps. Les enfants aiment imiter les parents avant de réaliser des progrès. Elle fait comme les autres enfants plus grands qu'elle. Mais il est évident qu'à son âge (vingt mois), elle ne pourra pas ôter sa couche de si tôt.

Si l'enfant pressent qu'on attend de lui qu'il devienne propre avant l'âge de trois ans, il est fréquent qu'il refuse de vous faire plaisir. Parce que précisément vous attendez trop cela, il en a conscience et fait son capricieux pour être sûr d'obtenir de vous plus d'attention. Attitude bien naturelle.

Il faut respecter le développement normal et la physiologie de l'enfant. Tous parviennent à devenir propres, à leur rythme. On ne peut tout maîtriser. Si l'on a la prétention de contrôler ce côté-là de leur corps, il y a fort à parier qu'ils se mettent à régresser sur un autre plan. Et là n'est pas le but. Dans la nature, chaque chose arrive en son temps.

Il n'est pas non plus question de comparer les progrès de l'un par rapport à l'autre. Chaque enfant est différent.

Conseils

- Évitez de rabrouer votre enfant : s'il revient aux couches, cette phase est momentanée et durera peu de temps si vous comprenez bien ce qui lui arrive.
- En été, profitez de la plage ou du gazon pour le laisser, fesses à l'air, faire ses besoins naturellement (n'oubliez pas la crème solaire protectrice).
- Dans la baignoire, pendant son bain, aidez-le à jouer avec un ballon gonflable en le remplissant d'un peu d'eau (le ventre), en le retournant vers le bas (les fesses) et en lui demandant d'ouvrir et de fermer l'embout, entre l'index et le pouce, comme s'il contrôlait ses sphincters. Faites-lui répéter ce petit jeu qui lui donnera l'occasion d'intégrer ce qui se passe à l'intérieur de lui.

S'il fait une ou deux crottes dans la baignoire, inutile de le gronder. L'eau du bain étant à la même température que son corps, il fait peu la différence entre les deux milieux, intérieur et extérieur.

- Demandez à son papa de participer à cet apprentissage en lui montrant ce qui arrive aux crottes qui disparaissent dans les toilettes : conduit d'évacuation des eaux sales partant de la cuvette vers l'intérieur de l'habitation, traversant les étages jusqu'aux égouts et se rejetant loin dans la mer.

Pour l'aider à mieux comprendre ce cheminement – compliqué, il est vrai –, pensez au dessin animé *Le Monde de Nemo*. Regardez-le avec lui et arrêtez le film vers la fin, lorsque Nemo doit sauter dans la cuvette des toilettes chez le dentiste qui l'emprisonne pour l'offrir à sa redoutable nièce. Nemo, pour « sauver sa peau », utilise l'eau de la chasse qui le mènera vers les conduits se jetant en pleine mer. Durant le visionnage, avec des arrêts sur images progressifs, vous pourrez lui montrer où partent ses crottes, en verbalisant et explicitant chaque séquence du trajet emprunté. En associant ces images sympathiques de Nemo, à qui il s'identifiera sûrement, il se sentira plus rassuré quant à l'issue inéluctable des excréments de chacun.

Installez un pot, bien stable, dans les toilettes. Si vous le voulez, disposez des petits livres d'enfants à côté, laissez votre enfant vous imiter lorsque vous-même allez aux toilettes. Il est fréquent que les enfants décident, un beau jour, sans que l'on s'y attende, qu'ils ne porteront plus de couches dorénavant. Ce sera alors le bon moment.

Cela dit, quand bien même nous aurions compris tous ces éléments théoriques et pratiques, je reconnais qu'il est parfois inquiétant de constater qu'à quatre ans, voire plus, son enfant n'est toujours pas propre.

Consolez-vous en pensant qu'il est parvenu à d'autres performances, inaccessibles à d'autres enfants déjà propres, eux : il parle peut-être très bien, il est agile et adroit avec son corps, il est fin et malin, il est capable d'exprimer ses sentiments, etc. Certains enfants, propres certes, n'en sont pas encore là.

Le développement d'un enfant ne se fait pas mécaniquement comme le montage d'une voiture ou d'un robot ménager. Alors soyons patients !

Retour à la couche-culotte

3 ans

Philippine :

« Mon fils Édouard a été propre le jour à trois ans. Mais voilà que, depuis deux mois, il réclame la couche et se cache dans sa chambre pour faire dans sa culotte. Cela ne semble pas le gêner. Est-ce qu'il régresse et faut-il le montrer à un spécialiste? »

Il n'est pas rare de constater qu'après un temps d'adaptation à la propreté, l'enfant demande à revenir à la couche. Ce phénomène fait peur à certains parents qui interprètent, à juste titre, qu'il s'agit d'une régression. Or, toute régression n'est pas négative en soi.

À un âge si jeune, trois ans, l'enfant se représente son corps comme une enveloppe contenante, dans laquelle se trouvent des éléments (les organes) qu'il ne connaît pas et qu'il contrôle mal. L'intérieur de son abdomen est fait de parties et de fragments qui le constituent. Il n'a pas idée que les excréments qui sortent de lui sont les résidus alimentaires qu'il a ingérés. De ce fait, il considère ce qui sort de ses fesses comme un élément essentiel de son corps. On comprend mieux qu'il soit parfois terrorisé d'aller sur le pot, ou pire, sur les toilettes et de voir son caca (selon lui, une partie de lui-même) disparaître sous l'effet de la chasse d'eau.

C'est pourquoi l'enfant est réticent pour continuer à se vider comme il le faisait, il y a peu. Il y remédie en conservant ses excréments dans sa couche ou, tout simplement, dans sa culotte. Mais, comme il pressent que ses parents ne seront pas contents de cette attitude régressive et qu'il n'a pas les mots justes pour exprimer sa peur, il se cache et échappe ainsi à leur contrôle, derrière un rideau ou dans un placard. L'odeur, la texture, la chaleur de cette matière le rassurent, lui rappellent une époque pas si lointaine et c'est en cela qu'on peut parler de régression, au sens de retour en arrière. L'enfant a recours à un stade antérieur mais rassurant.

Chaque fois qu'un enfant régresse, c'est le signe qu'il a repéré la progression inéluctable qui l'attend et qu'il a besoin de revenir en arrière comme pour prendre son élan.

Conseils

Votre pédiatre saura vous rassurer quant à cette attitude régressive nullement inquiétante.

Patientez, comprenez la difficulté qui paralyse votre enfant, mais sans le laisser s'y complaire pour autant. Ne le grondez pas car, s'il a su rester propre quelques semaines, c'est que cette fonction a pu s'installer et reviendra.

Si vous constatez que le retard dans l'acquisition de la propreté dure plus de trois mois, n'hésitez pas à consulter.

Il fait toujours pipi au lit

6 ans

Natacha :

« Matthieu fait toujours pipi au lit alors qu'il a six ans. Toutes les analyses médicales sont bonnes. Ma belle-mère me dit que ça va passer ; elle se souvient qu'il en était de même pour ses enfants ! Comment font les autres parents ? Nous n'en pouvons plus ! »

L'énurésie est une épreuve pénible pour les parents, mais plus encore pour l'enfant. 10 à 15 % des enfants de cinq ans sont concernés et, parmi eux, 65 % sont des garçons. À dix ans, il y aurait encore 6 % d'énurétiques. Peu de remèdes efficaces existent. Avant tout, il faut en parler à votre pédiatre afin qu'il détermine qu'il s'agit d'un problème d'ordre psychologique et non physiologique. Il existe deux types d'énurésie. L'énurésie primaire : l'enfant n'a jamais été propre jusque-là. Et l'énurésie secondaire : l'enfant a été propre durant plusieurs semaines, puis s'est remis à faire pipi au lit.

C'est, en général, durant la phase de sommeil profond que l'enfant mouille son lit. Il n'est, bien sûr, pas conscient de son acte puisqu'il dort. Cependant, ce symptôme indique bien que l'enfant n'est pas encore autonome. Il réagit à une perturbation interne qui le déstabilise au point où, relâchant toute vigilance durant son sommeil, il n'écoute pas ses besoins physiologiques. L'origine peut être objective et les parents l'ont souvent repérée : déménagement, perte d'un animal ou d'un être cher, jalousie fraternelle, mauvaise adaptation scolaire, etc.

L'enfant énurétique est rarement satisfait de son symptôme. Il est le premier à en être vexé, ce qui constitue un élément important du remède, c'est-à-dire la volonté d'en finir avec les nuits mouillées. Mais, malgré tout, il retire un bénéfice de ce trouble : celui de rester encore « petit » ou dépendant ou autre...

Conseils

Rassurez-vous, il veut guérir au plus vite, donc pas de leçon de morale ! Évitez de le gronder. Tout au plus, indiquez-lui que vous êtes agacé et que cela devient pénible pour lui et pour vous. En revanche, faites-le participer au changement de ses draps, il déposera lui-même son pyjama humide dans un bac, se lèvera un peu plus tôt pour se laver avant d'aller à l'école et devra peut-être affronter les remarques de ses frères et sœurs, grands et petits ; ce sont tous ces désagréments qui l'inciteront à devoir changer. La guérison viendra forcément. Il faudra attendre qu'il se sente rasséréné intérieurement et l'aider à avoir confiance en lui. Ne le rabaissez donc jamais : cela risquerait de retarder la disparition du symptôme.

Apprendre une langue étrangère

Claudine :

« Ma fille Zahra, quatre ans, a un langage bien développé pour son âge. J'aimerais l'initier à l'anglais. Mais ne serait-ce pas trop, sachant que son papa lui parle déjà en arabe ? »

Presque toutes les expériences de double apprentissage de langues sont une réussite si, et seulement si, l'un des parents est d'origine étrangère. Dans ce cas, il transmettra non seulement le vocabulaire, mais la musicalité de sa langue, les sentiments qui lui sont rattachés ainsi qu'une partie de la culture. On y associera des informations sur le pays d'origine dans lequel on pourra même se rendre afin que cette langue prenne enfin tout son sens. Mais, plus modestement, c'est par les actes quotidiens que les enfants l'apprennent le mieux : berceuses, mots doux, musique, cuisine, livres, documentaires, dialogues avec d'autres enfants partageant cette langue et échanges avec les grands-parents concernés.

L'enfant acquerra deux façons de penser et par là, il apprendra mieux le sens de la relativité.

À l'inverse, si les deux parents ont la même langue maternelle, on n'introduira pas une seconde langue tant que la première ne sera pas complètement acquise (en général vers six ans).

Conseils

Pour ce qui est de Zahra, on attendra donc qu'elle ait parfaitement maîtrisé le français, qui est sa langue maternelle, avant d'introduire une troisième langue. Car on risque fort d'induire une confusion entre le français, langue latine, l'anglais, langue germanique, et l'arabe, langue d'un autre registre encore.

Par ailleurs, il y a une nuance importante dont il faudra tenir compte : pour que votre fille apprenne l'anglais, il faudrait que votre langue maternelle soit l'anglais. Si vous étiez anglaise ou américaine, il y aurait une logique dans cet effort particulier que vous défendez. Sinon, vous risqueriez d'en faire une petite savante, soi-disant surdouée en langues étrangères et cela ne lui apporterait que de la confusion.

Une langue, c'est très complexe ; nous avons décrit ci-dessus quelques-uns de ses aspects essentiels. Mais il ne faut pas oublier le point crucial, à savoir le lien affectif qui unit celui qui parle une langue avec le monde dont il est issu : les souvenirs d'enfance, la culture, etc.

Croyez-moi, n'essayez pas de faire de votre fille, à quatre ans, une experte en langues étrangères. Au lieu de favoriser sa bonne structuration mentale, vous risqueriez de ne lui apporter que confusion et manque d'assurance. Faites-moi confiance, patientez encore !

Principes éducatifs

Quelles sont les choses à ne pas dire à son enfant ?

> **Anne-Sophie :**
>
> « Je m'énerve souvent avec mes trois garçons. Ils sont dynamiques et ne m'obéissent pas toujours. Je reconnais que, parfois, j'ai des mots trop forts envers eux et je le regrette après, mais il est trop tard. Un jour, l'aîné a répété mot pour mot ma phrase : "Tu es méchante, je ne t'aime plus !" Je lui avais dit ça la veille. Est-ce grave pour leur éducation ? »

À travers la plupart de nos règles et principes éducatifs, nous pensons user de bon sens envers nos enfants. Il nous arrive pourtant de prononcer des mots sans mesurer la portée qu'ils peuvent avoir dans leur tête et dans leur cœur. J'en ai relevé une dizaine que nous allons parcourir.

1. « Attention, tu vas te faire mal ! » ; « Tu vas tomber » ; « Arrête, tu vas finir par te couper »...

En fait, nous projetons sur l'enfant nos propres peurs et angoisses, sans rapport avec le danger réel qu'il court.

Il serait plus opportun de dire : « Tu risques de te faire du mal. » De la sorte, l'adulte reconnaît, de manière implicite, que l'enfant a le choix de faire attention ou non. Ce qui est une façon de le responsabiliser plutôt que de l'infantiliser.

Une autre formulation plus juste d'exprimer tout simplement nos propres craintes consiste à dire : « J'ai peur que tu ne... », « Je ne sais pas si tu vas pouvoir... ». Ce type de formulation incite l'enfant, qui veut réussir, à accorder davantage d'attention à ce qu'il fait, sans se sentir dévalorisé.

2. « Tu es in-sup-por-table ! »

Bien sûr, on a le droit de craquer, mais pourquoi lui dire qu'on ne le supporte plus, alors que c'est la situation qu'il génère qui nous est insupportable ? L'enfant peut penser qu'il est à jamais insupportable, ce qui peut d'ailleurs le rendre plus agressif encore. Il vaudrait mieux dire : « Je ne supporte plus que tu fasses cela, tu as dépassé les limites. » Les parents qui savent dire « ça suffit ! » à temps s'avèrent bien plus efficaces et plus rassurants que ceux qui redoutent d'user de leur autorité.

3. « Tu es très méchant, je ne t'aime plus ! » ; « Tu veux me rendre folle. »

Ce chantage affectif est doublement perturbant pour un enfant. Il se sent rejeté pour ce qu'il est (« Tu es méchant ») et culpabilisé (« Tu vas rendre Maman folle »). D'une certaine manière, le parent signifie implicitement à l'enfant qu'il ne l'aime que gentil et conforme à son désir. Il vaudrait mieux dire : « Ce que tu as fait est méchant » ou : « Je n'aime pas ton comportement. » Dans les deux cas, ce n'est pas l'enfant qui est rejeté, mais une partie de ses actes. Autre solution, inverser la tonalité de la demande : « Sois gentil, c'est tellement plus agréable » ou : « Je suis étonnée de te voir faire ça, cela ne te ressemble pas. »

4. « Arrête de te tripoter, c'est sale ! »

Bébé se caresse le sexe en public ? L'acte n'est ni sale, ni scandaleux, il le fait sans y penser vraiment. L'enfant n'a pas à se culpabiliser. Il faut éviter d'associer au sexe un climat péjoratif.

Il vaudrait mieux dire : « Tu peux faire ça, mais quand tu es seul. » Les parents posent ainsi la limite indispensable entre ce qui se fait et ce qui ne se fait pas. Et le ton permet à l'enfant de comprendre qu'il ne fait pas de mal, mais seulement qu'il agit mal à propos.

5. « Tu devrais prendre modèle sur ta sœur ».

Laissons l'enfant choisir ses modèles, ce n'est pas aux parents de les lui imposer. L'enfant n'a pas forcément envie d'idéaliser sa sœur. De plus, en citant sa sœur en exemple, on attise sans le savoir rancœur et jalousie entre frères et sœurs. Enfin, l'enfant peut en déduire que tout effort s'avère inutile puisque sa sœur constitue déjà le modèle tant rêvé des parents. Cette place étant prise, il n'y a plus d'effort à faire. Avouez que cela peut décourager.

Il vaudrait mieux dire : « Sois gentil, fais un effort, sois un peu plus serviable » ou : « Travaille davantage. » Là, pas de comparaison, on se contente de préciser à l'intéressé ce que l'on attend de lui.

6. « Avec toi, c'est toujours pareil » ; « On ne peut jamais te faire confiance. »

« Toujours », « jamais » sont des adverbes excessifs, donc forcément injustes. Votre enfant n'est pas ingrat vingt-quatre heures sur vingt-quatre. Ces termes extrêmes ne lui laissent donc aucune alternative, aucune chance de changer. On lui colle une étiquette, une sorte de rôle dans lequel il est cantonné une fois pour toutes. Quand il fait des efforts, personne ne s'en aperçoit. « Alors à quoi bon ? » peut-il se demander.

Il vaudrait mieux dire : « Tu m'avais promis d'être à l'heure (ou de ranger ta chambre). La prochaine fois, je compte bien sur toi. » Le reproche est formulé sans la notion de durée. Et si vous voulez vous montrer sévère, apprenez plutôt à user du conditionnel : « Si tu recommences, tu seras puni. » Ce qui offre l'espoir d'un changement.

7. « Si tu n'es pas sage, le loup va venir. »

Pourquoi prononcer cette menace, alors que l'on sait pertinemment qu'elle est fausse ? Terroriser l'enfant, par plaisir ? Et que fera-t-on le soir, si l'enfant est épouvanté parce qu'il dit sentir la présence du loup dans la chambre ? Lui dira-t-on que tout est faux au risque de se discréditer ?

Mieux vaut rester cohérent et reconnaître qu'on a manqué d'argument sérieux pour le ramener à un peu plus de sagesse. Ce type de menace irréaliste signe notre incapacité de parent à contenir nos enfants.

Il vaudrait mieux dire : « Si tu n'es pas sage, je vais vraiment me fâcher ! » C'est tout autant impressionnant dans l'imaginaire d'un enfant.

8. « Mais non, tu n'as pas peur ! »

En minimisant les peurs de l'enfant, on détourne le sens de ses émotions et on fausse ce qu'il ressent vraiment. Est-ce la déception qui guide le parent pour dire cela ? Ne concevant pas que son enfant soit effrayé face à un obstacle, il aimerait le voir plus fort, plus courageux. Reconnaissons que l'enfant fait déjà un effort en avouant qu'il a peur. Lui répondre « Tu n'as pas peur » le fera hésiter à se confier, à l'avenir.

Il vaudrait mieux dire : « Ne t'inquiète pas, je suis avec toi, je vais t'aider. » Ou : « Moi aussi, quand j'étais petit(e), j'avais les mêmes craintes et puis, elles ont disparu. » Ou encore : « Beaucoup d'enfants sont comme toi, mais tu verras, ça passera... »

9. « Avec tes bêtises, tu cherches toujours à faire le malin ! »

Lorsqu'un enfant se sent obligé de se faire remarquer par des bêtises ou des pitreries, c'est qu'il ne lui reste que ce stratagème ingrat pour attirer attention et affection de la part de l'adulte. Cet enfant est « en demande » : il a besoin de capter les regards, d'être rassuré, aimé à cet instant précis. Or, cette sentence aboutit à l'inverse : il se sent incompris. Et comme un enfant aux aguets n'est pas très imaginatif, il risque d'aller crescendo dans ses « exploits ». Il vaudrait mieux dire : « Qu'est-ce que tu cherches à me dire, exactement ? » S'il arrive à se livrer, on peut aussi lui promettre de lui consacrer plus de temps tout de suite ou ultérieurement. Par exemple : « Tu sais que nous recevons des invités ce soir, on n'est pas très disponibles, on rattrapera ça demain ! »

10. « On en a marre de toi ! »

Ces mots, proférés sûrement sous le coup de la colère, ont pour but de faire réaliser à l'enfant que trop, c'est trop. Prononcée exceptionnellement, cette sentence atteint généralement son but. Le trublion, choqué par cette phrase, cesse vite son cinéma. Mais, trop souvent répétée, cette même phrase représente une fin de non-recevoir : il n'y a plus ni dialogue, ni compromis possible. Elle signe aussi une absence d'écoute de l'enfant et de son mal-être. Enfin, cette déclaration réactive instantanément l'angoisse de l'abandon qui dort en chacun de nous. L'enfant se sent exclu et rejeté, ce qui est triste même s'il l'a bien cherché. Il vaudrait mieux dire : « Là, on en a marre ! » Simplement. Ce qui ne signifie pas du tout la même chose. La différence tient parfois à un mot de trop.

Tout se dire et ne rien se cacher

« **Aline :**

Depuis que mes enfants savent parler, j'aime bien échanger avec eux ; on se dit tout, on ne se cache rien. J'ai horreur du mensonge, je tiens à ne pas leur cacher la vérité, même si tout n'est pas très joli dans la vie. Lorsqu'ils seront adolescents, j'aimerais tellement qu'on puisse parler, sans tabou. Mais depuis qu'ils sont entrés en primaire, ils ne veulent plus raconter leur journée d'école. »

Bravo ! Toutes les mères se féliciteraient de pouvoir communiquer aisément avec leurs enfants. Mais il arrive que l'on ait tellement mal vécu les tabous et les silences dans sa propre enfance qu'à la génération suivante, on voudrait « réparer » cette souffrance.

On peut aussi redouter de voir son ado commencer à se fermer comme une huître. Les parents se mettent alors à parler, à poser des questions, jusqu'à l'excès.

C'est ce dont nous allons parler : non pas du dialogue entre parents et enfants, mais de l'excès de paroles.

Il est vrai que c'est un plaisir de pouvoir parler et dialoguer sérieusement avec ses enfants, les écouter raconter leur journée, leurs expériences, entendre leurs questions, répondre à leurs doutes. Nous avons l'impression de bien jouer notre rôle de parent éducateur, voire protecteur. Il faut cependant reconnaître que les enfants aiment aussi avoir leur jardin secret : ne pas avouer une mauvaise note de peur de se faire gronder, éviter de parler de l'étourderie qui leur a valu une punition, cacher qu'on a le béguin pour le petit garçon avec qui on joue au square tous les mercredis, mentir sur l'heure à laquelle on a éteint la lumière avant de dormir. Tout ceci fait partie d'une attitude bien naturelle qui permet aux enfants de prendre de la distance par rapport aux limites et aux principes éducatifs des parents.

Chez un enfant, le sens de l'intime se construit vers neuf-dix ans ; plus tôt chez la fille que chez le garçon. Il faut concevoir le sens de l'intimité telle une barrière qui protège l'enfant des incursions extérieures et lui donne le sentiment d'évoluer dans un espace préservé, rassurant. Certes, l'extérieur est en général plus menaçant que l'intérieur. Certes, les parents sont plus rassurants que les inconnus. Mais tout de même, il est des parents intrusifs qui entrent dans la chambre d'un enfant sans frapper à la porte pour s'annoncer, qui se permettent d'ouvrir son courrier alors que celui-ci sait déjà lire, qui posent trop de questions intimes à ses camarades, et enfin des mères qui insistent lourdement pour tout savoir des détails d'une journée à l'école ou d'une soirée passée chez un copain de classe.

L'enfant a besoin d'être maître de ce qu'il vit : ses expériences personnelles, ses réussites et ses échecs, ses sensations et ses émotions, ses doutes et ses convictions, même si tout cela est bien précaire et souvent erroné. Peu importe. L'essentiel est qu'il se sente « plein » de tout ce qu'il vit et qu'il ait conscience que son existence lui appartient bien. S'il doit la partager en tout point et en révéler les détails, il n'en sera plus le dépositaire. Et cela pourra nuire au sentiment d'intimité, d'autonomie et d'indépendance à l'âge adulte.

A contrario, beaucoup d'enfants sont restrictifs et ne savent pas ou n'osent pas parler de ce qu'ils font à l'école ou de leurs activités sportives, culturelles. Ils ne parviennent pas non plus à raconter leur colonie de vacances ou leur séjour chez Papi et Mamie. La frustration des parents est compréhensible, bien sûr.

Conseils

Je conseille, dans ces cas-là, d'inverser l'opération. Commencez par raconter une partie de votre journée, qu'elle soit trépidante ou pas, peu importe. Vous verrez très vite votre enfant vous imiter en voulant raconter la sienne.

« Tu devrais prendre modèle sur ta sœur ! »

Cécile :

J'ai trois filles. Ma dernière est radicalement différente de ses sœurs : indépendante, solitaire, mais aussi colérique et têtue. Elle répond aux adultes et n'en fait qu'à sa tête. Je les ai élevées de la même façon, mais elle n'arrive pas à prendre modèle sur ses sœurs. Pourquoi ? »

On pourrait penser, lorsqu'on a trois enfants, qui plus est du même sexe (ce sont trois filles), qu'elles réagiront de manière identique, puisqu'elles sont élevées dans la même famille, avec les mêmes principes éducatifs. Eh bien non !

La personnalité d'un enfant n'est pas un acquis génétique, mais se constitue progressivement, au fil de l'éducation qu'il reçoit de ses parents et de ce qu'il retirera de son environnement familial. Or, dans l'environnement le plus proche, il y a déjà deux sœurs auxquelles cette fillette ne veut peut-être pas ressembler, précisément pour se démarquer d'elles, surtout si les deux premières se ressemblent physiquement ou moralement.

Il est à parier que si l'une est bonne élève à l'école, l'autre se montrera réfractaire au travail scolaire. Si l'une est plutôt sportive, l'autre sera plus malhabile de son corps. Si l'une est coquette, l'autre s'affichera plus « baroudeuse ». Un enfant a peut-être appris à devenir propre à trois ans, mais l'autre le sera plus tôt ou bien plus tard. Dans les familles saines, les personnalités et les caractères des enfants diffèrent très fortement. Les enfants comme les adultes, aiment se distinguer les uns des autres pour exister autrement et être reconnus comme tels, c'est-à-dire singuliers. Et je trouve que c'est une chance que de ne pas se ressembler.

Il faut éviter de penser que les plus jeunes enfants emprunteront forcément la voie tracée par l'aîné. Les enfants n'aiment pas être pris pour l'aîné, quand bien même ils essayent de souvent l'imiter.

Conseils

On évitera de dire : « Prends exemple sur ton frère, sur ta sœur ! » Car il ne s'agit pas pour un enfant de plaire à son parent mais d'évoluer selon un rythme et des capacités qui lui seront spécifiques.

Il faut se laisser surprendre, voire étonner par des attitudes inhabituelles, bizarres, de nos enfants. C'est ce qui distingue l'un de l'autre et en fait un être particulier. Soyons ravis de ne pas vivre dans la monotonie du prévisible.

Sa mamie cède à tous ses caprices

Aurore :

« La mamie de Diane (dix-huit mois) lui passe tous ses caprices. Il n'y a plus aucune cohérence avec notre éducation à la maison. Comment lui faire comprendre qu'il faut qu'elle respecte ce qu'on inculque à Diane et expliquer à notre fille qu'elle doit supporter de ne pas tout obtenir ? »

Les parents sont les parents, les papis et les mamies sont et restent des grands-parents avant tout. Ne l'oublions pas !

L'éducation et l'autorité relèvent, certes, des parents de l'enfant. Ils se doivent d'indiquer et d'inculquer les règles et les principes éducatifs auxquels ils croient. Mais dès lors que l'on confie ses enfants à des grands-parents, on ne peut leur demander de se substituer au rôle des parents. C'est justement en leur qualité de grands-parents qu'on fait appel à eux.

Dès son jeune âge, d'ailleurs, l'enfant sait très bien ce qu'il peut demander à Mamie alors que Maman lui dirait non. Il n'y a donc pas de souci à se faire, il sait faire la différence. On sait bien que les mamies supportent mieux les caprices et même les exigences de leurs petits-enfants. C'est, précisément, l'écart de génération qui permet à la grand-mère cette distance qui la rend plus libre avec les enfants. Ce détachement la rend aussi plus disponible pour supporter ce qu'une mère n'accepterait pas.

L'art des grands-parents est d'observer l'enfant avec ses parents et de lui apporter ce dont il manque chez ces derniers. Par leur investissement, ils parviennent à devenir proches et même complices de leurs petits-enfants.

Lorsque les pères viennent à manquer ou que les parents sont divorcés, papis et mamies deviennent souvent un refuge agréable pour les enfants.

Conseils

Une fois les recommandations essentielles transmises (médicaments, aliments interdits, etc.), il faut laisser le capitaine maître à bord. Et tant pis si le bambin a mangé plus de bonbons que d'habitude, ce n'est pas si grave s'il s'est couché tard ou s'il a fait la sieste dans le lit de Mamie. D'ailleurs, si on demande aux grands-parents de s'occuper d'un enfant, il faut alors renoncer à tout contrôler et tout maîtriser puisqu'on est absent. L'enfant risquerait de penser que la mère est encore présente et ne goûterait pas le plaisir de partager un temps privilégié et exclusif avec sa mamie.

« Non, c'est non ! »

Milena :

J'ai beau interdire, punir, crier sur mon fils, rien ne marche, il n'en fait qu'à sa tête. Il me regarde, me nargue avec un sourire malicieux et continue à faire ce que je lui interdis. Comment font les autres parents ? »

Quelqu'un a dit que le métier le plus beau, mais le plus difficile, était celui de parent. Vous nous le prouvez avec votre question ! « Aimer ou éduquer ? » diront certains, moi je réponds « Aimer ET éduquer ! ».

Je rejoins cette formule « Je t'aime, donc je ne céderai pas ! » de l'excellent livre d'Etty Buzyn. Prenons quelques exemples : votre enfant joue à descendre du trottoir alors que vous attendez le bus à la station ; il frôle le bord de la falaise d'un peu trop près ; il approche la main de la gueule d'un chien qui aboie... Ces exemples de mise en danger ne manquent pas. Demandons-nous pourquoi, dans ces moments-là, le « non » que nous allons assener est efficace. La réponse est simple : dans notre manière de dire « non », on entend l'amour et la protection qu'on porte à l'enfant, le danger imminent vers lequel il court et l'interdit d'aller plus loin, car on risquerait de le perdre. Remarquons comme, dans un simple « non ! », il y a de nombreux messages.

À l'inverse, il existe des « non » qui sont mous, peu convaincants, moins affirmés, voire en contradiction avec la posture physique que nous adoptons pour le prononcer : notre attitude trahit parfois un « Oui, tu peux le faire quand même parce que je ne veux pas te brimer » ou un « Tu es tellement craquant quand tu désobéis », etc. Nous parlons avec des mots mais notre corps exprime un langage qui ne concorde pas toujours avec le premier. C'est là le paradoxe de la communication. Les enfants repèrent très tôt ces contradictions lorsqu'on leur adresse la parole. Comme ils sont malins et guettent les moindres failles qu'ils peuvent exploiter, il n'est pas étonnant qu'ils repoussent les limites que nous leur posons.

À partir de dix-huit mois, un bébé sait s'opposer, surtout envers ses parents. Il entre dans un stade d'opposition à presque tout, et cette phase va durer des années, pour lui permettre de mieux affirmer sa personnalité. Il est donc prévisible qu'il refuse ce que vous allez lui imposer. Mais néanmoins, il faut le contraindre et le limiter. Son opposition est « fonctionnelle ». Elle lui sert plus à s'affirmer qu'à vous contredire ; il faut donc parvenir à la contourner.

Plus tard, vers cinq ou six ans, il est capital de rester ferme et de savoir poser les interdits. Il est normal aussi que garçons et filles soient frustrés par votre rigueur et votre exigence. À cet âge, l'enfant entre dans la phase dite d'angoisse de castration. Ce terme étrange signifie freiner, empêcher ou interdire quelque chose à un enfant. « Castrer » n'est pas forcément vécu péjorativement. On peut aussi dire « couper » l'initiative d'un enfant : monter sur un toboggan dangereux, utiliser les ciseaux, lever la main sur son frère ou sa sœur qui est dans le berceau, etc. Il est évident qu'on ne laisse pas un jeune enfant traverser seul un boulevard à gros trafic. Si l'enfant insiste ou refuse, on reste ferme. Il peut alors se sentir incompris, frustré, voire « castré » à ce moment précis. Or, les enfants adorent discuter les consignes des parents et remettre en cause leurs interdits. C'est à ce moment précis qu'il faut rester ferme, convaincant et sûr de soi. On ne fléchit pas lorsqu'on interdit quelque chose, on le fait sans discuter.

Conseils

Quelle réponse donner à l'enfant qui rechigne, conteste, tente de vous culpabiliser ? C'est très simple, revenons au bon sens de nos grands-parents et répondons : « C'est comme ça, on ne discute pas ! » Ne laissons pas s'infiltrer le doute et la culpabilité.

Mais il arrive qu'une maman craque, soit épuisée, fatiguée de retour du travail ; elle peut aussi avoir des soucis ponctuels et se montrer alors moins efficace. Nous ne sommes pas non plus des parents-robots. Il arrive que nous cédions, que nous dérogions aux principes que nous avons mis en place. Rien n'est grave ni irréparable. Il faut savoir abdiquer un temps et tant pis si l'enfant est perdu entre rigueur et laxisme. On cède, on accepte, on lâche en disant : « D'accord pour cette fois, je ne veux pas batailler ce soir, je suis fatigué, mais c'est exceptionnel. » Et en effet, faites en sorte que ce le soit.

N'oublions pas de mettre aussi à contribution les pères, qu'ils soient présents à la maison, éloignés ou plus là du tout. Il est vrai que filles et garçons redoutent plus souvent l'autorité des pères que celle des mères. C'est un fait. Lorsque votre enfant devient intenable malgré vos menaces, notez ce qu'a refusé, la crise qu'il a déclenchée ou le gros mot qu'il a proféré, sur un carnet visible de tous. Lorsque son père sera présent, montrez-lui ce carnet (réservé uniquement aux « exploits » du révolutionnaire) et il saura reprendre le conflit sur un mode plus viril ou, à l'inverse, moins affecté que vous.

Le secret qu'il nous faut révéler est le suivant : souvent, les mères, par leur débordement affectif envers l'enfant, leur excès, leur emphase, leur besoin de voir en lui l'enfant idéal, se laissent gagner par les sentiments qu'elles génèrent et colorent immanquablement leur « non » d'affects et d'émotions qui sont à l'opposé de la fermeté et de la rigueur. La différence, que l'on observe justement avec les pères, c'est qu'ils arrivent, en général, à détacher leur rigueur et leur fermeté des sentiments. Or, fermeté et sentiments ne font pas toujours bon ménage ; sinon, nous tomberions dans la culpabilité.

Dernier conseil : on ne menace un enfant que si l'on est capable d'appliquer cette menace. Sinon, vous laissez apparaître votre fragilité et l'enfant aura tôt fait d'en abuser.

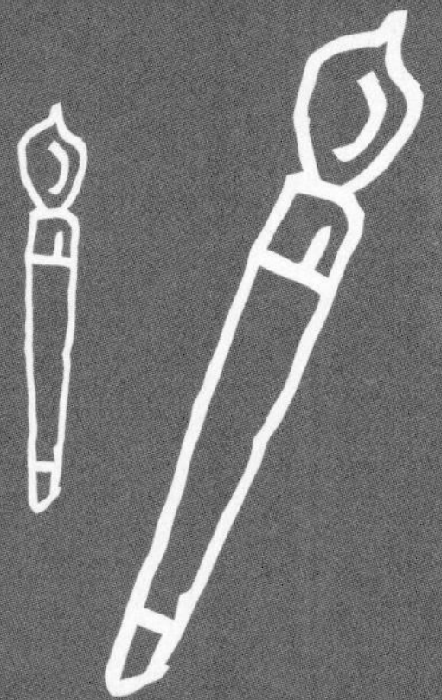

Loisirs

Ses premiers jouets

0-3 ans

John :

« Je suis père au foyer pour une année et j'ai noté sur le site de tiji.fr que vous aviez donné des conseils à une maman qui demandait un avis sur les jeux et jouets à utiliser avec son bébé de dix-huit mois. Le mien n'a que quatre mois. Que lui proposer jusqu'à un an ? Merci. »

Pour un jeune enfant, jouer n'est pas qu'un simple jeu, il s'agit pour lui d'une activité, d'un plaisir et même d'un besoin. C'est même un signe de bonne santé (l'enfant malade ne pense pas à jouer).
Son premier jouet est en général une partie de son propre corps : une main, les orteils. Un rien devient ludique : un fil qui dépasse, une étiquette de vêtement ou même un simple bruit de bouche.

Avant trois mois : compte tenu de l'absence de tonicité chez le nourrisson, son éveil sensoriel s'effectuera essentiellement à l'aide de sonorités (vocales, musicales, etc.) ou de stimulations visuelles. Hochets et bouliers suspendus au berceau ou au landau attireront son attention. Petite gymnastique de la tête : les sons et les objets aux couleurs vives vont de droite à gauche et d'avant en arrière. Bébé repère et dirige son regard vers la source de stimulation.

Dès trois mois : avec l'arrivée de la préhension (grossière), l'enfant peut déjà agripper des objets. Le « grasping réflexe » lui permettra de saisir très fermement un hochet auquel il fera subir toute une série de mouvements désordonnés dus à son incoordination motrice. C'est le premier objet qui n'est ni son propre corps, ni celui de sa mère. Ces mouvements seront ses premières « intentions de jeu » issues des « essais/erreurs » aléatoires. L'enfant ne comprend pas encore que la production de sons et de mouvements du hochet proviennent de lui. Toutes ces variations ludiques le stimulent. Mais le jeune nourrisson est vite lassé par la monotonie d'un même jeu et s'en détourne. Il faudra donc le stimuler à nouveau en lui présentant un autre jouet ou en le laissant se reposer un instant pour que sa curiosité soit aiguisée.

Avantages : manipulation motrice, développement de la motricité fine et de la notion de causalité. Stimulation par les couleurs et les sonorités = éveil sensoriel et moteur. L'enfant prend plaisir à produire des sons et autres effets : il interagit (action/réaction). De plus, la mise en bouche, inévitable à cet âge (et jusqu'à huit ou neuf mois) lui permet de faire connaissance avec l'objet d'une façon toute particulière (oralité).

À ce sujet, un anneau de dentition lui permettra de soulager ses gencives enflammées à l'apparition des premières dents, tout en servant de hochet. De nombreux modèles peuvent être congelés, donnant à l'enfant une sensation de fraîcheur qui soulage et surprend à la fois.

La traditionnelle girafe en caoutchouc flexible, aisément préhensile, malléable à souhait et sifflante (par pression) est une valeur sûre en matière de hochet pour tout-petits.

À partir du quatrième mois : dans le lit, le mobile musical se fixant aux barreaux du lit offre au bébé un mini-spectacle actif, mélodieux, parfois ludique et toujours relaxant. L'utilisation régulière de ce même mobile, lorsque l'enfant est couché, la ritournelle de cette musique, toujours identique, devient un rituel rassurant avant le sommeil.
L'utilisation d'un énorme ballon (70 cm de diamètre) présente pour l'enfant et le parent une source de plaisir intense. Le bébé s'agrippe au ballon à plat ventre. Un réflexe inné l'amène à écarter ses quatre membres pour une meilleure préhension. Il observe son environnement d'une hauteur qui lui est peu commune. Faites d'abord pivoter le ballon, de quelques centimètres. Si l'enfant est à l'aise, augmentez les rotations : frayeurs et rires sont assurés. Gymnastique des quatre membres, de la nuque, de la colonne vertébrale. Renforcement du réflexe naturel d'agrippement. Acquisition de références inhabituelles : horizontalité et verticalité simultanément en mouvement. Dès que l'enfant semble mal à l'aise, remettez le jeu à plus tard.

Le tapis de sol, par sa texture moelleuse et la multitude de jeux qu'il propose sur une si petite surface, constitue le jouet récréatif idéal des bébés entre quatre et neuf mois, à plat ventre ou assis. Différentes textures offrent des sensations tactiles stimulantes : douceur molletonnée ou soyeuse, rugosité de surfaces en gomme, toucher froid du miroir métallique, etc. Diversité de poches ouvrables et de cachettes recelant une surprise sonore, visuelle ou ludique. Sonorités à découvrir en activant telle cloche ou plaque de perles colorées. La motricité et les sens sont en éveil : le bébé répétera une action qu'un adulte lui fera découvrir. Toute nouvelle trouvaille d'une nouvelle pièce favorisera sa curiosité naturelle : ce sont ses premières expériences d'intelligence.

À partir du cinquième mois : le tableau d'activités est un classique jouet d'éveil. Il réunit de façon ergonomique des activités stimulant la motricité manuelle (pousser, lever, presser) et oculaire. L'enfant découvre, s'étonne, agit et réagit, imite les sonorités et se rend compte parfois de ses échecs. Les échecs répétés l'amènent à recommencer pour réussir. Cris d'animaux, bruit de crécelle, clochettes, Klaxon, bouliers en action, cadran de téléphone tournant, images surprises, etc.

Vers six mois : le parc. Plus qu'un enclos à bébé, il sert de château fort dont les barreaux le protègent des autres enfants (frères et sœurs plus grands et agités). La structure (en général en bois) sert de tuteur et aide l'enfant à faire ses premiers pas. Jeux et portiques peuvent y être tendus ou suspendus, offrant un environnement stimulant pour l'enfant, dans une enceinte protectrice, mais ouverte sur l'extérieur.
Objets basculants et sonores (roulis-boulis) produisent des mouvements d'autobascule, des rotations, des sonorités de cliquetis et clochettes et retombent toujours à l'endroit grâce au contrepoids qui les remet en équilibre. L'enfant prend plaisir à reproduire incessamment le même mouvement. Il a ainsi l'impression de posséder une maîtrise sur l'objet.
Caché-trouvé : l'enfant de six mois raffole des petits objets bien visibles que l'on cache sous ses yeux sous une couverture, un tapis ou un oreiller. Lorsqu'il les trouve, il est ravi ! Il élabore la notion de « conservation des objets ». Plus tard, il comprendra qu'un objet peut disparaître de sa vue et réapparaître : à la période dite de « l'angoisse du huitième mois », il acceptera mieux l'absence de sa mère.

Les balles en mousse ou gonflables sont préhensiles et fuyantes. Elles roulent, reviennent, rebondissent et... disparaissent, c'est presque magique. La balle qui roule incitera un enfant paresseux à marcher à quatre pattes plus souvent.

Dès sept mois : les jeux de bain. Ludiques, toujours stimulants, car associés à un environnement aquatique attractif pour l'enfant, les jeux de bain se déclinent autour d'objets à manipuler. Canards, bateaux, personnages, etc., flottent et, une fois remplis, coulent. On les transvase et l'on recommence. Certains remontent du fond de la baignoire à toute vitesse en faisant des éclaboussures. D'autres sont emboîtables sous une forme gigogne. D'autres encore se clipent pour former une chaîne de barques, bateaux ou canards à la queue leu leu (ex. : la maman et ses canetons).
Des livres de bain en mousse, plastifiés, flottent à la disposition des « bébés lecteurs ».

Les livres en tissu font partie avec les peluches des rares jeux et jouets qu'un enfant peut manipuler dans son lit, sans danger.
Jeux à sonorités multiples : gros boutons du téléphone et autres Klaxon à poussoir ; c'est l'enfant lui-même qui fait varier les sons selon l'intensité de la pression et la modulation des couleurs utilisées.

À huit-neuf mois : le cheval à bascule demeure pour l'enfant une source de plaisir intense du fait même du mouvement de balancement. Le choix devra privilégier sur la sécurité et la tenue du dos. Dès huit-neuf mois, le bébé comprendra vite qu'il peut lui-même imprimer un mouvement d'autobascule et le reproduire indéfiniment. Il refusera peut-être qu'on l'aide, pour affirmer son besoin d'autonomie. Laissez-le faire.
Tableaux d'activités aquatiques à coller par ventouse sur les parois de la baignoire. Une roue à aube tourne sous l'effet du filet d'eau continu sortant du réservoir que l'on remplit.
Les jeux d'encastrement rudimentaires (grosses pièces préhensiles d'une main et aux formes géométriques simples) permettent à l'enfant une manipulation facile et un emboîtement gigogne.

À dix mois : les jeux de traction. Les enfants apprenant à marcher aiment tirer et pousser. Le petit chien qui trottine est promené à bout de laisse dans toute la maison ou au square. Le trotteur assurera ses premiers pas hésitants. L'effort physique et l'adresse de l'enfant sont sollicités, tout autant que le plaisir qu'il éprouve à imiter les adultes dans leur mobilité autonome.

À partir de douze mois : les puzzles, parce qu'ils sont colorés, contenus dans un espace bien délimité et stable. Ils ne sont composés à cet âge que de quelques unités (maximum dix). L'enfant aime manipuler de grosses pièces et apprend à les replacer par tâtonnement. Choisir des puzzles thématiques : animaux, fruits, jeux d'enfants, etc.

Conseils

- Entre zéro et douze mois, les jeux et jouets du garçon et de la fille ne diffèrent guère. Ce n'est qu'aux alentours de trois à quatre ans que la distinction s'amorce nettement.
- L'enfant a le droit de détourner l'utilisation conventionnelle d'un jouet. La jouissance qu'il se procure en s'appropriant un jeu à sa guise est à respecter. Il aura tout le loisir, plus tard, d'obéir à telle règle, à telles indications d'utilisation, à tel manuel descriptif. Jouer, c'est aussi faire jouer son imagination.
- Ranger les jeux de bain dans un filet à provisions au-dessus de la baignoire. *Idem* pour les peluches excédentaires, à deux pas du lit.
- Pour un enfant en bas âge, l'adulte n'a pas à penser performance, efficacité, précocité, mais plutôt plaisir, jeu, détente.
- Sécurité et usage pratique : préhension aisée, formes et couleurs suffisamment diversifiées. Le bois est joli, mais encore trop lourd pour l'enfant de moins d'un an, moins hygiénique que le plastique dès que les incisives de Bébé apparaissent et qu'il s'y attaque. Le bois ravive plus la nostalgie des adultes.
- Ne pas s'étonner que l'emballage « emballe » l'enfant, plus que le jouet lui-même.

- Ne jamais donner un jeu d'âge supérieur à un enfant (et encore moins si l'intention est d'éveiller sa curiosité pour le faire progresser).

- Renouveler de temps à autre le stock de certains jouets de façon à créer intérêt et curiosité durable chez l'enfant. En outre, cela évite à l'intéressé d'avoir en permanence une multitude de choix à effectuer. Un enfant envahi de jouets ne les apprécie pas toujours. Les parents se trompent en pensant lui faire plaisir par cette abondance ou en le soumettant à tant de stimulations attractives... par négligence.

- Interdisez-vous ces nouvelles chaînes de télévision dites pour bébés, telle Baby First. Elles prétendent offrir à l'enfant un éveil visuel et musical en proposant, entre autres, des hochets artificiels à voir sur écran. Il s'agit d'un leurre, nocif. Rien ne vaut un vrai hochet que l'enfant peut agiter, rien ne vaut de vrais parents ou adultes qui s'occupent du bébé. On ne remplacera pas l'homme par un écran cathodique !

De plus, ces chaînes ont pour but (ou effet secondaire) d'instiller très tôt chez l'enfant une dépendance aux écrans. Préférez une vraie fenêtre ouverte sur... la vraie vie.

Quels jeux pour un bébé de dix-huit mois ?

Jennifer :

« Maeva, dix-huit mois, est fille unique. Autour de moi, il y a peu d'enfants. Du coup, je ne sais pas bien comment jouer avec ma fille. Je cherche des conseils. »

Aujourd'hui, il existe beaucoup de livres portant sur les jeux et les jouets d'enfants. Dans une bonne librairie ou à la bibliothèque municipale, vous y trouverez votre bonheur.

S'il en existe une dans votre ville, rendez-vous à la ludothèque avec votre fille. On vous donnera des idées pour choisir les jeux et jouets adaptés à son âge et selon son intérêt du moment.

Mais avant de développer plus avant le sujet, retenez cette recommandation : on n'incite pas un enfant à utiliser un jouet destiné à un âge supérieur au sien.

Conseils

Passons en revue quelques jeux classiques :

Cache-cache (derrière un rideau, une porte ou un arbre) : ce jeu passionne tous les enfants dès un an, ils acquièrent ainsi la notion de « présence/absence ». En outre, il permet à l'enfant de mieux « intérioriser ses parents » et l'aide, de fait, à supporter leur absence (au moment de se coucher, lorsqu'ils partent travailler, etc.).

La voiture a friction que l'on lance et que l'on va chercher pour recommencer de plus belle. L'enfant apprend à perdre momentanément de vue l'objet puis à le retrouver. Là encore, il appréhendera mieux la séparation avec les parents.

Puzzle de dix pièces maximum, aux formes simples (animaux, fruits). Attendre que l'enfant fasse une erreur avant de l'aider : rien de tel pour aiguiser sa curiosité. Mémoire par reconnaissance des formes et des couleurs.

Jeux d'eau : dans son bain, l'enfant joue avec des petits récipients en plastique – passoire, arrosoir, gobelets ou marmites de dînette à remplir et à vider. Transvasement, maîtrise des fluides, plaisir de l'eau. Il existe aussi des livres d'images en plastique flottant.

Les voitures-porteurs ont un arceau auquel l'enfant peut s'agripper pour mieux se stabiliser et contiennent un mini-coffre à jouets que l'enfant se fera un plaisir d'éparpiller sur son trajet et récupérer au retour (dans la maison). Au square, le coffre servira à emporter son goûter ou ses moules à sable.

Cheval à bascule : l'enfant adore les mouvements de balancements répétitifs qu'il produit lui-même. Cela peut lui rappeler les premiers balancements qu'il a connus, nourrisson, dans vos bras.

Traction et trotteurs : tirer, pousser, porter, puis basculer et recommencer. Le petit chien qui trottine et que l'enfant traîne dans la maison ou au square donne l'impression de faire comme l'adulte qui promène son chien dans la rue ou le Caddie de courses. Jeux d'imitation des adultes.

Instruments à percussion : tambourin, triangle, clochettes, cymbales, etc. On peut aussi exploiter des ustensiles domestiques : casserole, cuiller en bois, maracas faites de grains de riz dans deux pots de yaourt collés.

Jeux de mains : « Ainsi font les petites marionnettes ». Faire l'avion en portant Bébé sur ses jambes en flexion, l'adulte, lui, étant dos au sol. « À dada sur mon cheval ». Danser avec son enfant, ses pieds posés sur les vôtres.

Méli-melo : la balançoire. L'enfant pose ses pieds sur les vôtres et en lui tenant les mains, vous marchez en le portant. Au square ou à la plage, faire de la patouille avec du sable et de l'eau, etc.

Elle dessine beaucoup

dès 4 ans

Marie :

« Ma fille Maryem dessine tout le temps. Elle fait de très beaux dessins, en colle partout dans sa chambre et en offre aussi à sa maîtresse ou à ses grands-parents. Je me demande si cela cache quelque chose d'important. Je ne voudrais pas "passer à côté" ».

Depuis le début de l'humanité, l'homme éprouve le besoin de représenter ce qu'il voit et ce qu'il ressent grâce au dessin, que ce soit sur des parois de grottes, sur une toile ou simplement avec un crayon sur du papier, comme le font des milliers d'enfants.

Le dessin est un second langage chez les enfants et certains peintres célèbres ont su allier cette part précieuse de leur enfance à leur vie d'adulte. Je ne parle même pas de Léonard de Vinci, Dalí ou Picasso.

Un enfant qui dessine est un enfant qui parle, mais à l'aide d'une langue particulière qui éveille les sens, l'esthétique, les émotions comme la joie, la colère, la beauté. Le dessin d'enfant exprime aussi les conflits. Conflits externes : la guerre, les bombes, la mort, le feu, mais aussi les conflits internes : deux maisons reliées par un chemin, après le divorce des parents, par exemple ; ou encore un bonhomme qui n'a pas de bras, parce que l'enfant traverse une période difficile.

Parmi les thématiques habituelles, on retrouve l'éternel dessin du bonhomme, les maisons, les fées, les fleurs stylisées, les châteaux forts et leur lot de guerriers en tout genre et les sempiternels héros de dessins animés. Très tôt, vers cinq ou six ans, les dessins apparaissent sexués, permettant à n'importe quel observateur attentif de deviner s'il s'agit du dessin d'un garçon ou d'une fille. Il est donc bien question d'une empreinte de la personnalité qui se dévoile grâce au dessin : l'âge, le sexe, le conflit ou la résolution du conflit, l'espoir, etc.

Il faudra cependant veiller à ce que votre fille n'ait pas que le dessin comme seul mode de communication. Parle-t-elle ? A-t-elle un vocabulaire riche sachant décrire ce qu'elle ressent ? A-t-elle des camarades ? Aime-t-elle jouer, seule et avec d'autres ?

Car le dessin n'est qu'un mode d'extériorisation de ce que l'on ressent ; il faut donc aider l'enfant à diversifier sa palette d'expression.

Pour conclure, je vais vous raconter une très jolie histoire. Je me trouvais au Maroc, dans un musée. Mon guide m'a demandé d'observer un tapis immense et très joli : sept mètres de haut, suspendu depuis le plafond jusqu'au sol. Les couleurs étaient très chatoyantes et il comportait de nombreux motifs ; certains répétitifs, d'autres avec des variantes bien spécifiques. Je n'y voyais rien d'autre. Mon guide m'a ouvert les yeux. Il s'agissait d'un tapis réalisé en une dizaine d'années par une seule et même femme. Voilà l'histoire : une jeune fille de seize ans, vivant dans un village de montagne avec ses parents, a été demandée en mariage. Elle est allée rejoindre son mari et a habité de l'autre côté de la montagne, à cent kilomètres. À l'époque, il n'y avait pas les facilités de transports qui existent aujourd'hui et, pendant plus de dix ans, la fille n'a pas revu sa mère. Dans ce tapis, il fallait déchiffrer les signes qui décrivaient la région nouvelle où elle vivait, les qualités de son mari et celles de sa belle-famille. On y lisait surtout les naissances de ses nombreux enfants, ses activités, ses émotions, le désir de revoir les siens qui lui manquaient tant, et bien d'autres choses encore. Je devine que cette jeune femme était illettrée comme ses parents et qu'il n'y avait ni poste, ni facteur. Elle a dû passer du temps à retranscrire une partie de sa vie grâce à ces motifs dessinés pour parler à sa mère.

Un jour, quelqu'un qui venait de son village natal s'est arrêté quelque temps dans sa région. Elle lui a remis ce tapis et il l'a apporté aux parents de cette femme. On dit que la mère l'a déroulé et a pu lire, grâce à ces motifs, la vie entière de sa fille depuis son départ.

Comme ici, les dessins parlent bien de notre vie intérieure.

Les activités extrascolaires

dès 4 ans

Monique :

« Depuis que mon bout de chou est entré en CP, sa maîtresse m'a demandé de l'inscrire à une activité extrascolaire. Mais comment choisir ce qui convient exactement à mon fils ? »

Les activités extrascolaires sont un complément idéal aux apprentissages scolaires. Il s'agit d'un temps passé avec d'autres enfants lors d'une activité sportive (foot, tennis, équitation), culturelle ou artistique (danse, théâtre, dessin).

En général, ces activités ont lieu le mercredi ou le samedi. Certaines sont même proposées le soir, après l'école. C'est pourquoi il faut veiller à ne pas en choisir trop et à bien les répartir dans l'emploi du temps, de manière que l'enfant ne se sente pas débordé. Une activité ou deux sont un maximum pour un enfant en école primaire. Dans ce cas, autant choisir un sport et un atelier artistique.

Si l'on opte pour une activité sportive, il faudra tenir compte de la fatigabilité de l'enfant, des éventuels déplacements et des compétitions prévues par le moniteur dans l'année. Cette activité vient s'ajouter au temps scolaire et aux sports déjà pratiqués à l'école.

Pour ce qui est de l'activité culturelle ou artistique, en général plus calme, on pensera à l'achat de matériel, aux visites d'expositions et autres manifestations couramment associées au domaine choisi (théâtre, arts plastiques).

On tiendra compte, bien sûr, de la motivation de l'enfant en l'aidant à choisir parmi de très nombreux critères. Certains enfants ne sont pas prêts à entrer en compétition et préfèrent un sport sans enjeu : roller, équitation. D'autres, au contraire aiment se surpasser et raffolent de l'émulation ; on leur proposera l'escrime, le tennis, le foot, etc.

Nombre d'enfants ont véritablement besoin d'extérioriser un trop-plein d'énergie, pour ne pas dire un trop-plein d'agressivité. Pourquoi ne pas choisir un sport de combat ou un art martial ? La boxe, le judo ou le karaté sont des activités saines. Sur un lieu précis, avec un temps à ne pas dépasser, sous l'œil d'un arbitre qui fixe les règles, les enfants s'affrontent à la loyale et mesurent leur force aux autres enfants de même catégorie. Tout se termine gentiment, en se serrant la main et en se saluant. Et cela apprend à l'enfant à perdre ou à gagner, ce qui, sur le plan de la socialisation, permet des échanges francs et sains entre camarades de même club. Lors des compétitions, un esprit d'équipe naît et la solidarité du groupe s'exprime aisément.

Conseils

En cours d'année, demandez au club de sport de votre circonscription de laisser votre enfant assister à un ou deux entraînements. De même, rencontrez le professeur de dessin d'une association pour qu'il invite votre enfant à venir voir ce qu'on y fait. Cela l'aidera à se déterminer avant de s'inscrire.

Mais surtout, lorsqu'on s'est inscrit à une activité, quelle qu'elle soit, on s'y tient. Il n'est pas question d'en changer sur un coup de tête, à la moindre vexation ou à la suite d'un match perdu. Établissez bien ce contrat avec votre sportif en herbe pour lui apprendre que, pour tout engagement, et comme dans la vie, il faut un début, un développement et une fin.

Pour conclure, je connais beaucoup d'enfants intelligents, affectueux et très sociables qui n'ont pas eu besoin de beaucoup d'activités extrascolaires et qui ont très bien évolué. On peut admettre que tous les enfants n'ont pas besoin de se dépenser au sport, d'agiter leur crayon et de devenir des champions de l'emploi du temps de ministre. Le temps de repos d'un enfant est sacré et il faut le respecter. S'il ne veut rien pratiquer à l'extérieur, faites-lui confiance ; l'année suivante, il changera peut-être d'avis de lui-même. Je vous conseille la lecture d'un très bon livre écrit par Etty Buzyn : *Papa, Maman, laissez-moi le temps de rêver*, chez Albin Michel.

Sainte Télé ou lorsque le petit écran fait grand écran

Amel :

« Nous aimons beaucoup TiJi et mes enfants en raffolent ; mais lorsque c'est au tour des parents de regarder la télé, ils viennent avec nous et ne décollent plus de l'écran. On sait que ça n'est pas très bien, mais comment trouver les mots pour qu'ils ne deviennent pas des drogués de télé, comme leur papa, par exemple ? »

C'est un sujet délicat et, disons-le d'emblée, il ne s'agit pas de bannir la télévision de l'environnement de l'enfant, mais de repérer les quelques recommandations qui s'imposent.

Les sociologues qui étudient les phénomènes de société nous disent qu'en Europe, nous avons cinq à dix ans de retard par rapport à ce qui se passe aux États-Unis. C'est une chance car cela nous permet d'anticiper et de réagir à temps, surtout lorsqu'il s'agit de se défendre d'un fléau. Nous avons constaté ce qu'il en était de l'obésité due à l'alimentation des Nord-Américains, visible en France aujourd'hui. À présent, nous devons réagir aux conséquences de « l'obésité télévisuelle ».

Une étude américaine a montré les dangers face aux abus de consommation télévisuelle chez les très jeunes enfants. Avant trois ans, les enfants qui passent du temps devant la télé ont des difficultés de mémoire, de compréhension et d'apprentissage de la lecture. Pour les chercheurs, la recommandation la plus censée est de limiter la télévision, de manière générale, et de la proscrire avant l'âge de trois ans.

Nous savons que les images exercent sur les plus jeunes une fascination qui ne leur permet pas un recul suffisant par rapport à ce qu'ils voient à l'écran. Pire, par le pouvoir de captation du regard, la télévision les rend passifs et suspend la motricité des enfants de moins de trois ans. Or, c'est la relation psychomotrice que le bébé entretient avec ses parents qui sera la base même de sa construction affective. Ainsi, dans le pire des cas, en extrapolant, on pourrait craindre qu'un enfant de moins de trois ans, dépendant du petit écran, s'identifie plus à la télévision qu'à ses parents.

Conseils

Pour ces raisons et bien d'autres encore, des recommandations s'imposent. En voici quelques-unes.

Apprenez à l'enfant, dès qu'il en a la capacité, à lire un programme de télévision.

Demandez, quand il souhaite la regarder, ce qu'il veut voir exactement et attendez sa réponse. En effet, en ce qui concerne l'appétit, un enfant peut dire : « J'ai faim » ; mais en ce qui concerne la télévision, il est important de ne pas ingurgiter : il faut « déguster » tel ou tel programme, feuilleton ou dessin animé.

Fixez des règles : jamais de télé les veilles de classe. Les soirs où l'enfant y sera autorisé à la regarder, imposez un temps maximal. Indiquez-lui l'heure précise à laquelle on éteindra. Attendez qu'il accepte vos recommandations avant d'allumer l'écran.

Regardez la télévision avec lui dans les premiers temps pour lui apprendre à décrypter des images réelles, qu'elles soient banales ou violentes (durant le journal télévisé, par exemple), car la crudité de certains faits-divers peut le heurter. Traduisez-lui aussi ce que sont les messages publicitaires et les bandes-annonces des programmes futurs. Montrez-lui comment la télé tient un enfant en haleine et demandez-lui s'il en est victime ou s'il saura résister à la tentation. Exposez-lui aussi comment certains animateurs incitent les enfants à téléphoner à des numéros promettant cadeaux et récompenses mirifiques. Expliquez-lui que tous ces appels téléphoniques rapporteront de l'argent à l'annonceur. Il apprendra ainsi à repérer les supercheries futures.

Laissez ensuite l'enfant seul devant la télévision et, à table ou pendant un moment de calme, interrogez-le sur ce qu'il a regardé exactement. Essayez de savoir s'il a compris tel sujet d'émission, tel documentaire. Repérez enfin s'il sait organiser sa pensée en rapportant ce qu'il a vu : dans tout programme télé, il y a un début, un développement et une fin, sait-il ordonner ce qu'il vous relate ? A-t-il compris le sujet de l'émission et les messages sous-jacents ? A-t-il remarqué le style et l'esthétique des décors, du langage et des personnages ? Enfin, qu'est-ce qui le pousse à regarder à nouveau cette même émission ou à s'en écarter ? Toutes ces questions développeront son sens critique pour un meilleur discernement lorsqu'il sera seul face à la télé.

Enfin, parlez de la signalétique protégeant les enfants d'un programme qui ne serait pas à leur portée, voire leur serait néfaste.

Reconnaissons aussi que la télé est un outil ludique qui permet à un enfant de se détendre devant la lucarne comme un adulte le ferait. Certains programmes sont pédagogiques et éveillent la curiosité, d'autres développent l'imaginaire ou l'envie d'apprendre, et donnent l'impulsion pour poursuivre ou développer une idée. Les thématiques riches ne manquent pas : sciences, histoire, technologie, recherche, art, sport, etc.

Mais voilà, la télé ne doit pas se substituer à toutes les autres activités : sorties, lecture, jeux, conversations en famille, etc. Et si vous voulez que votre enfant ne la regarde pas trop… montrez l'exemple !

Conclusion

J'exerce mon métier de psychologue pour enfants depuis bientôt trente ans.

C'est toujours pour moi une joie véritable d'amener un enfant et ses parents à résoudre une difficulté, et de le voir prendre le bon chemin pour devenir un adulte autonome et indépendant dans la vie.

Néanmoins, au fil des ans, une forte augmentation des consultations que j'appellerais « de confort », m'a conduit à m'interroger sur les changements intervenus dans ma pratique.
Depuis une dizaine d'années, nombre de parents me sollicitent pour un avis, un conseil ou une simple question d'éducation, qu'il s'agisse d'une banale difficulté à s'endormir, d'une baisse de l'appétit, d'une chute de notes à l'école ou de comportements de jalousie.

Aujourd'hui, nous constatons, mes confrères et moi-même, que le principe de précaution qui envahit tous les domaines de nos vies s'applique à l'enfance : on emmène l'enfant chez le psychologue avant même que « le mal ne frappe ».

Ainsi, nous recevons des parents inquiets d'une supposée réaction négative d'un aîné à la naissance d'un frère ou d'une sœur alors que la mère n'a pas encore accouché. En d'autres occasions, on nous sollicite pour annoncer – à la place des parents – qu'un grand-père, en phase terminale, ne survivra pas à un cancer généralisé. Depuis que les divorces touchent nombre de familles, nous sommes appelés à servir de médiateurs entre parents et enfants alors que le père (ou la mère) n'a pas encore annoncé son départ définitif, etc.

On a même vu une mère devancer la phase du complexe d'Œdipe en demandant au psychologue d'expliquer à sa petite fille qu'elle pourrait aimer son père à sa guise et qu'elle, sa maman, n'en serait aucunement offusquée. La fillette avait deux ans !

Ces parents-là invoquent leur souci de prévenir, de protéger, d'entourer leur enfant. Ils se veulent attentifs au moindre tressaillement de leur bambin comme s'ils souhaitaient lui épargner les difficultés, les peines, les chocs divers et les souffrances liés à la vie et auxquels l'enfant, devenu adulte, sera immanquablement exposé.

Or, cette attitude parentale dessert l'enfant qui, de ce fait, n'est pas confronté aux difficultés qui sont celles de son âge. Au lieu de considérer qu'il surmontera le problème grâce à ses capacités d'adaptation, puis de l'aider à comprendre et à supporter - voire à dépasser - une peine, une jalousie, une frustration, les parents préfèrent se mettre en retrait et confier cette tâche au psychologue dont ils attendent d'ailleurs qu'il résolve le problème et les rassure.

Certes, les parents de ce début du XXIe siècle sont plus isolés qu'auparavant. Ils manquent de repères : comment éduquer, imposer des limites à ses enfants, être sévère ou laxiste, éviter de reproduire l'éducation qui nous a été donnée, sanctionner sans paraître un monstre ?

La meilleure preuve en est que les injonctions éducatives des adultes se sont transformées en « accord à l'amiable » entre parents et enfants.

Là où les parents disaient au revoir à l'enfant en le laissant à la porte de l'école, le papa ou la maman de ce début de siècle, préfère déclarer : « Je vais partir au travail. Je m'en vais, tu veux bien ? »

Les adultes ne se sentent plus légitimes dans leur rôle qui consiste à montrer le chemin à l'enfant. Ils négocient, louvoient, élaborent des compromis, ne veulent pas froisser la susceptibilité de l'enfant. Qui protège-t-on de la sorte ? Est-ce sa progéniture que l'on épargne ou bien simplement soi ? Et si cette tendance à la tiédeur avait pour fonction de ménager le parent dans une idéalisation supposée de son rôle ? On en viendrait presque à faire ami-ami avec son enfant !

Dans ma consultation, je reçois beaucoup de parents désemparés, hésitants, ne sachant que choisir entre une position éducative ferme ou une tolérance extrême.

Pour ma part, j'ai fait le choix de ne recevoir qu'une seule fois un enfant qui se porte bien psychologiquement. J'indique franchement aux parents qu'à mes yeux, il va plutôt bien. Je leur explique par quels mécanismes leur petit parvient à se défendre des angoisses normales qu'il ressent, comment il évite les conflits et il ne craint pas d'échouer lorsqu'il prend une initiative. Je mets l'accent sur d'autres critères de bonne santé : bien dormir, bien se nourrir, avoir une humeur gaie et joyeuse.

En revanche, je ne laisse pas ces parents sans réponse ni soutien. Dans un deuxième temps, je les reçois seuls.

Cette consultation débouche souvent vers de la guidance parentale, voire des entretiens thérapeutiques pour eux-mêmes. Est-il utile de préciser combien une part névrotique de l'enfance des parents peut retentir sur le développement de leur enfant ? En pareil cas, c'est le parent qu'il faut écouter avant même l'enfant.

Si on a coutume de dire que tout se joue avant trois ans... on peut également dire que tout peut se réparer. Il n'y a pas plus de parents parfaits qu'il n'y a d'enfants « impossibles ».

Les parents doivent reprendre confiance en eux. Faire appel à leur bon sens et peut-être se dégager du regard des autres. Ils créeront alors une relation de confiance et d'autorité juste qui aidera l'enfant à grandir.

C'est ce que je souhaite à chacun d'entre vous.

Annexes

Index

A

B, C

D

E

F, G

H, I

J, L

M

O, P

R

S

T

Bibliographie

Sylvie Angel, *Des frères et des soeurs : la complexité des liens fraternels*, Marabout, 2002

Catherine Audibert, *Le complexe de la marâtre : être belle-mère dans une famille recomposée*, Payot, 2007

Anne Bacus, *Le sommeil de votre enfant*, Marabout, 2007

Anne Bacus, *L'autorité, pourquoi, comment ?*, Marabout, 2005

Anne Bacus, *Bébé pleure, que faire ?*, Marabout, 2003

Bruno Bettelheim, *Psychanalyse des contes de fées*, Pocket, 1999

Etty Buzyn, *Je t'aime donc je ne céderai pas !*, Albin Michel, 2009

Etty Buzyn, *Papa, maman, laissez-moi le temps de rêver !*, Albin Michel 2002

Jacques Donzelot, *La police des familles*, Éditions de Minuit, 2005

Françoise Dolto, *Parler de la mort*, Mercure de France 1998

Françoise Dolto, Catherine Dolto, Claude Halmos, *Les étapes majeures de l'enfance*, Folio, Gallimard, 1998

Sigmund Freud, *Trois essais sur la théorie sexuelle*, Payot, 2010

Sigmund Freud, *Inhibition, symptôme et angoisse*, PUF, 2005

Sylviane Giampino, *Les mères qui travaillent sont-elles coupables ?*, Albin Michel, 2007

Bernard Golse, *Le développement affectif et intellectuel de l'enfant*, Masson, 2008

Claude Halmos, Grandir, *Les étapes de la construction de l'enfant*, Le livre de Poche, 2010

Patrice Huerre, *Place au jeu. Jouer pour apprendre à vivre*, Nathan, 2007

Philippe Jeammet, *Lettre aux parents d'aujourd'hui*, Bayard. 2010

Colette Laterrasse, Ania Beaumatin, *L'enfant et ses peurs*, Milan, 2003

Didier Lauru, Laurence Delpierre, *La sexualité des enfants n'est pas l'affaire des grands*, Hachette littératures, 2008.

Jean-David Nasio, *L'œdipe, le concept le plus crucial de la psychanalyse*, Payot, 2005

Lyliane Nemet-Pier, Françoise Devillers, Peur du noir, monstres et cauchemars, Comment rassurer votre enfant, Albin Michel, 2009

Daniel Stern, *Journal d'un bébé*, Odile Jacob, 2004

Marie Thirion, Marie-Josèphe Challamel, *Le sommeil, le rêve et l'enfant de la naissance à l'adolescence*, Albin Michel, 2002

Serge Tisseron, Bernard Stiegler, *Faut-il interdire les écrans aux enfants ?*, Mordicus 2009

Serge Tisseron, *Les dangers de la télé pour les bébés. Non au formatage des cerveaux*, Erès, 2009

Maryse Vaillant, Judith Leroy, *Range ta chambre ! Petit traité d'éducation familiale*, Flammarion, 2005

Donald Woods Winnicott, *Jeu et réalité*, Folio, Gallimard , 2002

Daniel Widlöcher, *L'interprétation des dessins d'enfants*, Mardaga, 1998

Remerciements

Je remercie Liliane Zolty et Jean-David Nasio pour l'ouverture clinique qu'ils m'apportent depuis des années.

Je remercie les équipes de TiJi et de Full Feel Factory qui sont à l'origine de ce projet et qui m'ont fait confiance dès la première heure.

Je remercie enfin les téléspectateurs qui, par la finesse de leurs questions, ont démontré leur intérêt pour la psychologie de l'enfant.

Retrouvez Harry Ifergan
dans l'émission
« 2 minutes pour mieux comprendre votre enfant » sur

www.tiji.fr/Les-parents

Imprimé en Espagne par Graficas Estella
Dépôt légal: janvier 2011
ISBN : 978-2-501-07002-7
4072765 / 01